中華姓氏的起源與宗族家門的傳承

前言　認知歷史，傳承文明

壹　解讀中華百家姓　賜姓命氏溯淵源

姓氏的起源、發展及姓氏制度的確立

因生賜姓創世紀　中華古娃多母系　014
文明初曙分尊卑　男子稱氏別貴賤　021
先秦姓氏雙軌制　秦漢合一成定制　030

貳　展示百姓之風采　演繹華夏之文明

姓氏的類別、特色及傳承演變

各國姓氏何其繁　中華姓氏體系全　040
包羅萬象姓源廣　縱貫古今源流長　050
奇僻姓氏多絢麗　各有特色蘊情趣　065

參　自古風雲多變幻　村大根深枝葉繁

姓氏的遷徙流布及支派繁衍

江山易主尋常事　百姓流遷無已時　082
神州何處無佳域　落第深根綻新枝　087
報本思源懷故地　明清移民八祖庭　090

肆　姓分等級標郡望　族有堂號銘祖德

姓氏的郡望、堂號及其文化內涵

萬代豪門稱郡望　庶民百姓也時尚　104
姓氏堂號光門楣　嘉言懿行垂青史　131

伍 凝聚血親的紐帶 朝宗謁祖的聖殿

宗祠、族譜、族規、家訓

載錄譜系的典籍　傳承文明的紐帶 140
凝聚血親的基石　行使族權的殿堂 158
維護宗法的典制　修身齊家的準則 170

陸 家族文化的表徵 世系傳承的編碼

姓氏楹聯與字輩排行

門榜堂聯標家世　讀聯知姓辨族系 182
區分班輩講派語　長幼有序論行第 195

柒 古老的文化體系 新興的研究領域

歷代姓氏學概述及著錄提要

官有專職掌譜系　代有著述傳後世 206
學海擷英多珍品　提要著錄共賞析 215
底蘊深厚遺產豐　開發拓展新領域 236

附錄

百家姓 240
台灣前十大姓氏表 242
中華大姓堂號表 246

陳氏始祖・陳胡公

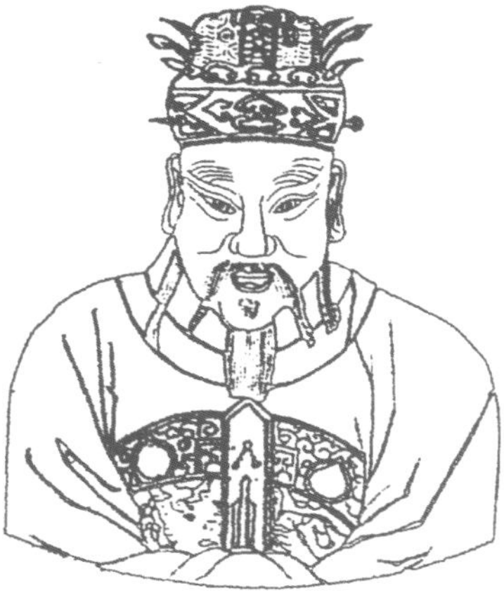

張氏始祖・張揮

林氏始祖・林堅

黃氏始祖・陸終

李氏始祖・李利貞

劉氏始祖・劉累

王氏始祖・太子晉

吳氏始祖・泰伯

楊氏始祖・楊伯僑

徐氏始祖・徐若木

趙氏始祖・少昊

周氏始祖・後稷

馬氏始祖・馬服君

朱氏始祖・朱挾

胡氏始祖・胡公滿

孫氏始祖・孫書

郭氏始祖·虢叔

高氏始祖·高傒

羅氏始祖·顓頊

何氏始祖·何庶

前言 認知歷史，傳承文明

「趙錢孫李、周吳鄭王、馮陳褚衛、蔣沈韓楊……。」這讀來琅琅上口的《百家姓》讀本，是傳統的啟蒙讀物，也是中華姓氏的經典之作，可謂家喻戶曉，婦孺皆知。人們常說的「百家姓」，實際上是中華姓氏的泛指和總稱。冠以「百家」之名，表示數量眾多，涵蓋廣博之義。中國幅員遼闊，民族眾多，古代曾經使用和目前使用的姓氏究竟有多少，很難有準確的統計。流傳至今的宋代《百家姓》讀本，收錄姓氏四百四十個，清代《增廣百家姓》增至五百零四個。

中華姓氏源於上古，延續至當代。在歷史發展的長河中，中華姓氏發展演變，延續傳承，昇華凝練，形成了一種內涵豐富、體例完備、超越歷史時空、跨越地域、包容社會各個層面的文化體系，並以其人人皆知的普及性、世代傳承的持續性、相容並包的統一性、博大精深的系統性，縱貫了中華文明的進程，涵蓋了中國社會的各個層面。從某種意義上講，五千年的華夏文明，就是不同血緣姓氏的宗族，在各個歷史時期繁衍生息、播遷交融、興衰更替的總匯。以血緣姓氏為脈絡的姓氏譜系，正是具體而微地載錄各姓氏宗族的淵源世系、興衰榮辱及其歷史功業和文化特色的重要文獻，是中華文明進化的軌跡，社會歷史發展的縮影。因而中華姓氏成為傳承文明、解讀歷史、透視社會的獨特視角和微觀視窗。

中華姓氏是傳統文化中生命力最旺、凝聚力最強、感召力最大的人文情結，是認同中華傳統文化的偉大基石。中華民族歷來以炎黃子孫自居，把炎、黃二帝作為共同的人文初祖和精神偶像。無論是偏處一隅的少數民族，還是散居異域的華裔僑胞，時時處處都流傳著炎、黃二帝的傳說，人人都以炎黃子孫為榮。這種以血緣、姓氏為傳承紐帶，對共同祖先形象的塑造，對民族淵源的追述，構成了中華文化多元一體化和連續傳承性的認同基石，它是增強中華民族凝聚力、向心力的橋樑紐帶，也是當今海內外炎黃子孫尋根問祖的重要依據。

時至今日，中華姓氏已經歷了幾千年的風雨滄桑，但其世代相承的延續性，與時俱進的生命力，仍然是現實生活中人人必備、無時不用的重要標記和社交工具。舉凡訂立合約、簽署書證、信函往來，交流溝通，無一不以姓氏作為重要憑信。「按姓氏拼音排列」、「按姓氏筆劃排序」，已經成為重要的社交場合、家國大事、學術活動中組合，排列有關人士的慣例。「貴姓」一詞，更是日常社交必備的第一用語和禮儀之詞。

凡此種種，都足以說明，姓氏不僅是社會歷史發展的產物、人類文明的積澱，是我們認知歷史、傳承文明的文化瑰寶，也是我們現實生活中無處不在、事事皆用的重要工具和資訊體系。因而普及姓氏知識，拓展姓氏研究領域，就成為我們認知歷史、傳承文明、建設和諧社會的重要內容。

壹

解讀中華百家姓，賜姓命氏溯淵源

姓氏的起源、發展及姓氏制度的確立

「姓氏」是人類個體與生俱來的第一符號，也是具有血緣傳承關係的家庭或宗族的群體標誌，是人類社會維繫血親、區分族別的重要依據。

「姓氏」是「姓」與「氏」的合稱，二者皆具有家號、族號、宗號之含義。但

在先秦時代，「姓氏」是兩個不同的概念。所謂「男子稱氏」、「婦人稱姓」，「姓別婚姻，氏明貴賤」，是對姓、氏不同內涵、社會功能及其產生的歷史淵源的高度概括。正如《春秋左傳正義》孔穎達所云：「姓者，生也，以此為祖，令之相生，雖下及百世，而此姓不改。族者，屬也，與其子孫共相連屬，其旁支別屬則各自立氏。」也就是說，姓表示宗族的起源、出處，是原有的、大宗的族號；氏是後起的，是分支的、小宗的族號。先有姓，後有氏，姓大於氏，氏統於姓；姓是氏的源頭，氏是姓的分支。然而，姓與氏的區別，不僅僅是源與流的簡單關係，其本質上的區別在於：姓是血緣傳承的標誌，氏是社會地位和地域區分的符號。姓側重於血緣關係，氏強調地域的概念。「因生賜姓，胙（ㄗㄨㄛˋ，此處為賞賜的意思）土命氏」，高度概括了「姓」與「氏」的本質區別和文化內涵。「因生」是生育觀念，是生命的產生、延續、血緣的傳承；「胙土」，是生存觀念，是人們生存發展的社會環境、生活方式。生育和生存是人類必備的兩大要素，「姓」、「氏」二字涵蓋了人類社會存在、發展的全部意義，也是人類社會文明進化的真諦所在和發展軌跡。

中華姓氏是一種古老的文化形態，它萌芽於原始社會的圖騰崇拜，根植於文明初曙的氏族繁衍、發展於夏商周三代的分封制度、確立於大一統的秦漢帝國、演變於「胡漢互化」的民族交融，融匯於多元一體的文化體系。

因生賜姓創世紀，中華古娃多母系

中國是世界上最早使用姓氏的國家，從母系氏族社會中華古姓的產生，迄今已約有一萬年的歷史。相比之下，大多數歐美國家的姓氏產生於中世紀時期。雖然古羅馬的父系氏族社會已出現了一批較早的姓氏，但姓氏的使用並未形成固定的模式，直到九世紀初，才在義大利的各城堡中恢復。至於在亞洲地區，越南、朝鮮等國在十世紀左右才相繼普及，相當於中國的晚唐、五代時期，而且多數是由中國傳入。而日本直到十九世紀明治維新時期，實行「壬申戶籍法」才普遍推行姓氏制度。

姓氏的古老，象徵著一個國家、一個民族歷史文化的悠久。中華姓氏是中華文明的重要標誌，是中華民族彌足珍貴的文化寶庫。關於中國古姓的起源，歷代學者仁者見仁，智者見智，歸納起來主要有兩種說法。

始祖創世，因生賜姓

始祖創世，因生賜姓，是有關中華姓氏起源的傳統說法，常見於文獻典籍的歷史記載。其中影響最大、流傳甚廣的是伏羲、女媧兄妹相婚、傳衍人種的歷史故事。根據文獻記載和歷史傳說，宇宙初開之時，世上只有伏羲、女媧兄妹兩人生活在昆侖山上，為了繁衍後代，兄妹倆只得自相婚配，結為夫妻。但又自感羞愧，難以決斷，於是透過占卜的方法來判定天意。兄妹倆先在兩個山頭各自燒起火堆，並對天禱告：「如上天有意讓我兄妹二人成婚，就讓兩股青煙相合；如並無此意，就煙消雲散。」剛說完，只見兩股青煙合為一體，直沖雲霄。兄妹二人仍狐疑不決，又約定，從各自山頭滾下一扇磨盤，如石磨臍、眼相合，則可結為夫妻，否則各奔東西。說來也巧，自高山推下的兩扇磨盤落到溝底後，竟然陰陽相覆，臍、眼相合。於是伏羲、女媧便在上天認可下結為夫妻，傳下後代，並根據子女的出生情況和散落居處，將其分為不同的族姓，並規定同一族姓的男女不得自相婚配。

這個歷史傳說，不僅在漢族文獻中屢有記載，在苗、瑤、壯、彝、黎、侗、布依等少數民族中也廣為流傳，大同小異。如瑤族《伏羲兄妹故事》中說，他們成婚後，妹妹生下一個冬瓜般的肉團，他們把肉團砍碎，到處拋撒，落在平地的成了漢人，落在森林、山坳等處的，便成了瑤山五族。

另一種與之相近的說法是只有女媧，沒有伏羲。說女媧補天後，深感寂寞，便用黃泥仿造自己的形象造了許多小人。後來嫌效率太低，便用草繩蘸著泥漿，用力甩出，濺出的泥漿也化為小人。落在石頭上的便姓石，落在樹葉上的便姓葉，落在花朵上的便姓花，落在河裡的便姓何（河），落在池塘裡的便姓池……。

基於對這個歷史傳說的認同心理，伏羲、女媧被後世尊為「創世人祖」和「人祖奶奶」，在中華大地至今仍留存著許多相關的紀念性遺址、遺跡。如中國甘肅西和縣仇池山的「伏羲仙崖」和天水市的「伏羲神廟」，陝西西安臨潼的「女媧宮」，山西洪洞縣的「女媧廟」、「女媧陵」和吉縣的「人祖山」，河南淮陽的「太昊（伏羲）陵」、「伏羲廟」，河北涉縣的「女媧皇宮」……尤為珍貴的是山東嘉祥武梁祠中的漢代畫像石，和新疆吐魯番古墓群出土文物中的一幅「伏羲、女媧執矩圖」，圖中伏羲、女媧都是人首蛇身，面對面地手執圓規、矩尺，表示伏羲「正姓氏，別婚姻」，沒有規矩不成方圓的哲理。尤為傳神的是伏羲、女媧下身成兩條蛇尾相互交纏在一起，中間有個小孩，十分形象化地表現了伏羲、女媧傳衍人類的主題。

雖然說神話傳說並不能等同於歷史，但神話傳說中往往包含著合理的歷史成分，反映了歷史階段的社會特徵。透過伏羲兄妹相婚、傳衍後代的歷史傳說，我們不僅可以瞭解到在中華民族的初始時期，曾經歷過血親亂婚向族外群婚進化的歷史進程，也可以看到由母系氏族社會向父系氏族社會進化的軌跡，同時透析出中華古姓起源的歷史資訊。

圖騰感生，演化為姓

「圖騰感生，演化為姓」是近代頗為流行的一種觀點，認為中華古姓起源於原始的圖騰崇拜。

「圖騰」一詞，來源於印第安語，圖騰崇拜是世界各民族普遍存在的原始宗教的信仰形式，中華民族也不例外。在原始社會中，由於生產力水準和文明程度十分低下，人類既不瞭解人類與大自然的關係，也不瞭解自身和氏族組織的起源，認為人類每個氏族、部落都與某種自然現象、動植物、非生物有著某種神秘的親緣關係，如日月星辰、風雲雷電、山川岩石、花草樹木、熊羆虎豹、牛羊犬馬、禽鳥龍蛇……只需該氏族的始祖母與之接觸感應，即會衍生後代。所以圖騰物象就成為本氏族的祖先，成為本氏族所共有的標誌和徽號，即族徽。這種自然崇拜、生育崇拜、祖先崇拜的原始宗教信仰形式和偶像，即圖騰名稱，便成為最早的社會組織——氏族的名稱，進而演化為該氏族共有的姓源。中國最早的一批古姓，即由氏族圖騰演化而來。

各民族中圖騰祖先形象有的是自然界中存在的動植物、非生物或自然現象，有的是虛幻的半人半神、半人半獸形象。在中國各民族神話傳說與歷史文獻中，都有許多圖騰崇拜、圖騰感生的事例。在有關炎黃部族起源的歷史文獻中，都說炎帝神農氏，其母為安登，因感應神龍繞身而生炎帝於姜水（古書記載的一條河流），因而炎帝神農氏以姜為姓；黃帝軒轅之母附寶，因在大野中見雷電繞北斗七星，感而有孕，生黃帝於軒轅之丘，育於姬水之畔，故以姬為姓；夏祖女志夢流星落地，化為神珠薏苡，後而有孕，生下大禹，故夏人以薏苡為「圖騰」，以姒為姓（姒即苡字的演化）；商祖簡狄則是因吞食玄鳥之卵而生契，故以鳥為圖騰，以子為姓（子即卵）；周祖姜嫄因踐巨人之跡（熊跡）而生後稷，故周人以熊為圖騰，以姬為姓（巨為熊跡之形，巨從女旁而為姬）……。

二十世紀以來，中國不少學者運用近代科學的觀點和方法，重新對傳說的歷史文獻進行了系統研究，並結合考古發現和社會實踐調查，在姓氏與圖騰關係的研究上有了重大突破和新的認識。如中國學術大師郭沫若在二十世紀二〇年代寫的《甲骨文字研究》中就指出鳳姓起源於鳳鳥圖騰：「卜辭風字均作鳳……古有鳳姓之國，春秋時有任宿、須句、顓臾皆鳳姓。古云，伏羲氏之胤，案其實乃以鳳為圖騰之古代族也。」也即古代東夷部族以鳥為圖騰的典型代表。文化學家丁山認為：「中國古姓多為圖騰之遺留。如秦嬴，是瑞獸之名，周姓姬，是鱷魚的意義；季劄之姓狸，夏姓姒，為妊娠的藥草……。」社會學家李玄伯也說：「姓即圖騰的結果，在文字內現在尚能看見種種遺痕。鳳——鳳姓之圖騰；羊——姜姓之圖騰；扈鳥——扈姓之圖騰；祝融八姓亦源於圖騰：蛇（己）——己姓之圖騰；龍——董姓之圖騰；蟲——妘姓之圖騰；鼓——彭姓之圖騰……。」歷史學家呂振羽也指出：「在中國今日的姓氏中，也保留著不少的原始圖騰名稱的遺跡；如馬、牛、羊、豬、鳥、鳳、梅、李、桃、花、葉、林、河、山、水、雲、沙、石、毛、皮、龍、馮、蛇……。」

上述學者儘管意見不完全一致，但都認為：「中華古姓源於圖騰，是生殖崇拜、祖先崇拜、圖騰崇拜的產物，也是社會歷史發展到一定階段的產物。」當代學者王泉根先生還依據前人的研究成果將圖騰感生劃分為三大類別（參見《中國姓氏的文化解析》）。

圖騰感生類別表

履跡	華胥履大人跡而生伏羲
	姜嫄履大人跡而生後稷

呑物	禹母呑薏苡而生禹
	簡狄呑燕卵而生契
遇異	附寶感北斗而生黃帝
	女登感神龍而生炎帝
	女節感流星而生少昊
	女樞感虹光而生顓頊
	慶都感赤龍而生伊耆（堯）

總之，由原始社會的圖騰名稱，演變為氏族組織的徽號、名稱，標誌著中華姓氏的萌芽和產生，是中華姓氏史上的第一次飛躍和昇華。而標誌著氏族血緣關係的中華古姓，就成為「區分族別，維繫血親」的重要依據，也是中華姓氏最原始的社會功能。

由圖騰感生的中華古姓，大都起源於母系氏族社會。因當時生產力和科學水準十分低下，「人民少而禽獸眾，人民不勝禽獸蟲蛇」，群生聚處。一個氏族組織由一位元老祖母及其衍生的女姓後代子孫組成，人類正處於野合雜交的血族群婚時代，人們知有其母而不知其父。血緣世系只能按母系來計算，所以中華古姓多從母姓，姓的本意強調生育概念。流傳至今的中華古姓多帶有女字偏旁。如通常所說的「上古八姓」姜、姬、嬀、姒、嬴、姞、姚、妘，和「十二古姓」姜、姬、姞、嬴、姚、嬀、妘、姺、嬿、媒便是其例。另外，清初顧炎武從《春秋》三傳中考訂的二十二個古姓中，除鳳、子、祁、華、曹、董、歸、熊、漆、允十姓屬於上古圖騰感生之外，其餘十二姓也都來自母系。其中鳳姓為太昊伏羲氏所傳，為中華第一古姓。

關於中華古姓來源於母系的說法，不僅在歷史典籍中屢有記載，在中國最早的文學作品、第一部詩歌總集《詩經》中也有所反映。如《玄鳥》篇說：「天命玄鳥，降而生商」；《長髮》篇說：「厥初生民，時維姜嫄」……這些詩篇都是商、周祭祀祖廟的樂章，都是讚頌他們的始祖母，而沒有他們的始祖，這是地道的母系氏族社會的歷史遺蹤。

大約到了舊石器時代晚期，隨著生產力的發展，人類的認識水準也有了很大提高，對直系血親的無限制亂交產生了厭惡，並從實踐中逐漸地感受到「男女同姓，其生不蕃」的生物學原理，認知到同一血統的人相互婚配，不利於後代。於是，首先要求對不同的血統加以區分。同時，由於種族的不斷繁衍、居住地域的不斷擴大、職業身份的不斷變化，同一姓族之內依據血緣世系的親疏、居住地域的遠近，就形成了若干分支。對各個氏族及若干分支加以區分的特殊標誌就是「姓」。從這一角度來看，姓成為從氏族的內婚制發展到族外婚制的一個重要標誌。

在班固等人編撰的《白虎通義·姓名篇》中對此有一段精闢的論述：「人所以有姓者何？所以崇恩愛，厚親親，遠禽獸，別婚姻也。故禮別類，使生相愛，死相哀，同姓不得相娶，皆為重人倫也。」「姓別婚姻」成為中華古姓的主要社會功能，也是中華姓氏史上的一大發展和進步。

文明初曙分尊卑，男子稱氏別貴賤

在先秦時期，標誌部族、宗族的徽號，除姓之外，還有氏的稱謂。氏是姓所衍生的產物，即姓的分支。《通鑒外紀》對此有非常明確的論述：「姓者，統其祖考之所自出，氏者，別其子孫之所自分。」也就是說，姓表示宗族的起源、出處，是原有的大宗的稱號；氏是後起的、分支的、小宗的族號。而氏字的文字結構，在殷商甲骨文中解釋為：「木本」之意，即植物之根，故後世多用「尋根」二字表述某一姓氏認祖尋根、追源溯流的文化情結。

父權確立，尊者為氏

氏出現較姓晚，產生於父系氏族社會時期。在母系氏族社會末期，隨著生產力的發展和人口的繁衍，氏族活動的範圍不斷擴展，氏族組織中不斷分出一些小的群體，遷徙到新的地區。為了區分這些新生的、小的社會群體，並維繫與原有的氏族組織的聯繫，於是便產生了「氏」這一社會組織名稱。所以中國古代學者在解釋「氏」字時，說氏的本義應該作「是」，表示存在的意思，表明其某某分支生活、聚居於某一地區，把地域概念引入了血緣群體的組織之內，用以表示分佈於不同地區的、同一姓族組織的分支、衍派，這就是「氏」。《說文解字》中對「氏」的解釋則說：「巴蜀山名岸脅之旁著欲落墮者曰氏。」段玉裁注曰：「小阜之旁著於山岸脅，而狀欲落墮者曰氏；其字亦作坻。」《詩經．秦風．蒹葭》中「宛在水中坻」的「坻」字，即指由岸旁山崖主體崩裂，落墮的小丘，是分裂、析出的一片土地，生動形象地說明了「坻」（即氏）的來歷，也正是「氏」字的本義。

有的文獻典籍中，把這種從氏族組織中分裂而出的新群體稱作「族」，也有的文獻典籍「氏」、「族」相提並用。在有關夏、商、周三代歷史的記載中，夏代多稱氏，如「有扈氏」、「有莘氏」、「有窮氏」、「有仍氏」、「斟鄩氏」……而商代則多稱族，如「王族」、「子族」、「三族」、「五族」；周代則氏、族並稱，如周初在大量封國命氏的同時，又賜予有功大臣「殷民六族」、「殷民七族」……。

綜上所述，可以看出，「氏」、「族」都是從大的氏族組織中分離、產生的新的社會群體，是姓的分支、衍派；「氏」、「族」形成的基本原因和主要特徵就是地域的區分，即「胙土命氏」，「氏」就成為佔有土地、區分地域的重要標誌，也是氏的原始的基本功能。這也正是周代「胙土命氏」的歷史淵源。

「氏」的產生除「因土命氏」（胙土命氏）之外，另一個重要來源是由於社會分工，不同階層的人因所從事職業、技藝、身份不同，而形成不同的社會集團，獲得了各種「氏」的稱號。在母系氏族社會末期、父系氏族社會初期，由於生產力的發展，社會財富的積累，社會組織結構的變化，形成了不同的社會階層和社會集團。在社會分工日益明確，職業技藝日益專業的情況下，男子的優勢也日趨明顯，於是父系社會逐漸取代了母系社會，父系大家族的傑出人物，成為社會主流的支配力量和各行業、各部門的權力象徵。其中既有執掌統治大權的首領階層（氏族首領、部落酋長等），也有分管山林水澤、農牧漁獵、天文曆法、軍事刑法、禮儀教化、倉廩財物的各種機構和官員，還有從事「百工技藝」的專業人才。如「別婚姻，正姓氏」的太昊伏羲氏、「嘗百草，藝五穀」的炎帝神農氏、「明人倫，定刑律」的黃帝軒轅氏、「掌曆法，辨四時」的少昊金天氏等古代帝王（部落聯盟酋長），以及專管山林水澤的「有虞氏」，負責陶器製作的「有陶氏」，司職「火正」的祝融氏、重黎氏，主管刑法的「大理氏」等百官。而百官的技藝往往由家族世襲，代代相承。

因此，社會分工、職業世襲，就為「氏」的產生形成另一重要途徑。由於社會分工不同，職位、技藝高低不同，「氏」也就成為表明社會地位、身世貴賤的重要標誌，也是「氏明貴賤」的歷史淵源及其基本功能。「氏」成為社會發展到一定階段的重要產物和時代的標誌。所以說：「尊者為氏」。鄭樵在其《通志・氏族略》序中對此有一段精闢的論述：「三代之前，姓氏分而為二，男子稱氏，婦人稱姓，氏所以別貴賤，貴者有氏，賤者有名無氏……姓所以別婚姻，故有同姓、異姓、庶姓之別；氏同姓不同者，婚姻可通，姓同氏不同者，婚姻不可通。」也就是說，先秦時期，氏不僅是部族、宗支的徽號，也是社會地位尊卑、貴賤的標誌。最初，氏是同姓部落的名稱，後來則逐漸演變為專指部落首領相沿世襲的尊號。傳說中父系社會英雄人物的稱號，均加「氏」以尊稱，如炎帝神農氏、黃帝軒轅氏、太昊伏羲氏、少昊金天氏等，即是例證。

這種以「氏」別貴賤的風尚，在從父系氏族社會到先秦時期這一歷史階段，相當盛行，形成「同姓異氏，一姓多氏」的社會格局。如炎帝神農氏本來是姜姓部落的始祖，但其後裔卻有烈山氏、祝融氏及齊、呂、申、許等氏族分支；黃帝軒轅氏為姬姓部落的始祖，但他的二十五個兒子，卻分為十二胞族（氏族）；太昊伏羲氏（伏羲氏），少昊金天氏，本是東方鳳姓部落的首領，是以鳥為圖騰的部族（鳳即鳳鳥），其後裔則繁衍為鳳鳥氏、玄鳥氏、丹鳥氏、青鳥氏、鳩鳥氏、爽鳩氏、伯趙氏及「五雉」、「九扈」等二十四個「以鳥名官」的氏族。

這樣隨著父權制的確立和「氏」的形成，母系氏族逐漸被父系氏族所取代，所有的血緣關係，均由父系來確認。所以母系氏族之解體，父系氏族之興起，成為姓氏發展演變過程中又一個重要的里程碑。

封邦建國，胙土命氏

「氏」的產生有多種途徑，其中最主要的一個來源就是「胙土命氏」。「胙土命氏」也寫作「祚土命氏」，是夏、商、周三代之時「封邦建國，賜姓命氏」的一種分封制度。它肇始於夏、商時期，盛行於西周初年。《左傳．隱公八年》記述一段魯國卿士無駭去世後，眾仲與魯隱公為之諡號、命「氏」的對話，精闢地闡述了「胙土命氏」的內涵及「姓」、「氏」二者之間的關係和區別：「古者天子建德，因生以賜姓，胙之土而命之氏，諸侯以字為諡，因以為族；官有世功，則有官族；邑亦如之。」意思是說，過去天子封邦建國，分封諸侯，根據其出生而賜姓，又分賞土地而命氏，諸侯以字為諡號，後人便作為族號；擔任某種官職，累代世襲而又有功績的，就以官職作為族號；有封邑的士、大夫即以邑為族號。這裡的族號，就是「氏」。宋代史學家鄭樵在其《通志．氏族略》中對姓氏的來歷和種類曾做過系統的總結和科學的分類，將之分為三十二類，其中以各級地名為「氏」，以祖父姓名為「氏」，以官爵為「氏」，以職業技藝為「氏」四大類別，是「得氏」最多、影響最大的主要來源。

夏代的「胙土命氏」情況，因缺乏文獻記載和考古發現，難以詳知，但根據《史記．夏本紀》和《世本．氏姓篇》載錄，夏禹因治水安民有功，「皇天嘉之，祚以天下，賜姓曰姒，氏曰有夏。」四岳也由於輔助夏禹有功，皇天也「祚四岳國，命為侯伯，賜姓曰姜，氏曰有呂」。在夏代，以國為氏的部族有：夏後氏、有扈氏、有男氏、斟鄩氏、彤城氏、褒氏、費氏、杞氏、繒氏、辛氏、莫氏、斟戈氏及有南氏、有鄩氏等十餘個姓氏。此外，中華古姓中著名的祝融八姓：己、董、彭、禿、妘、曹、斟、畢也都「祚土命氏」，建立了蘇、顧、溫、董、豕、韋、大彭等國。

商朝是典型的奴隸制王朝，國家機構已經形成，「胙土命氏」正式成為姓氏產生的重要途徑。商朝帝王嫡子有繼承王位的權利，某些庶子則有「胙土命氏」的分封權益。一些有功於王室的功勳大臣及臣服於商王朝的附庸部落，依據其社會地位，也被封賜相應的侯國、采邑。因而商代的姓氏較夏代大為增多，史稱商代有「八百諸侯」。見於《史記．殷本紀》和《世本》等文獻記載的姓氏有十餘個。如殷氏、來氏、宋氏、稚氏、時氏、蕭氏、黎氏、空相氏、北殷氏、目夷氏、崇氏、周氏、杞氏、耿氏、微氏、箕氏、阮氏等，皆是以國為氏，至今有相當一部分仍在沿用。在出土的殷墟卜辭中，有多處出現了「王族」、「子族」、「三族」、「五族」的詞語。在《尚書．盤庚》中，將殷商貴族大姓總稱為「百姓」。此處的「百姓」二字，是氏族社會時期，「禪讓」制度流傳下的大族舊姓，與萬民相對，原意是指有一定社會地位，被王室「胙土命氏」的貴族階層。之後，隨著社會歷史的發展和朝代的更迭，這些貴族階層失去了原有的封邑和地位，淪為普通庶民，但保留了原有的姓氏，成為當今姓氏的重要來源，也是後世歷代庶民統稱為「百姓」的典故。

西周初年的封邦建國、「胙土命氏」，是中國歷史上封國最多，「命氏」最廣，對姓氏發展影響最大的政治措施。周武王滅商之後，首先對商王朝的部落、屬國、附庸國進行了大規模的調整、撤換、改組，分封了一批周王室宗室子弟和開國功臣在商王舊地建藩立國，在成王繼位和周公旦輔政期間，又繼續「胙土命氏」，立國封侯，建立了一套完整的列爵、封土、建國、命氏的封建宗法制度。

根據史書所記載，周朝共滅商朝屬國九十九個，降服六百五十二個小國，從而為周初大分封提供了廣闊的土地。這種大分封舉措，對於商朝原始小邦林立的格局，含有統天下於一尊的意義，顯然是社會發展的一大進步。而大分封的結果，必然導致大批「氏」的產生。周朝成為「氏」產生最多的時期，尤其春秋時期，激烈的諸侯兼併，為姓氏的發展演變提供了特定的條件，是中華姓氏史上最重要的發展時期。

周初的「胙土命氏」、封邦建國，與等級森嚴的宗法制度緊密相連。宗法制度是以血緣關係為基礎、以宗族組織為核心、識別宗支派別、區分尊卑長幼、規定繼承秩序、明確義務和權利的法規禮制。宗法制度由父系氏族社會的家長制演變而來，經夏、商兩代的發展，到西周初年基本確立。其主要特點是以「嫡長子繼承權」為核心，嚴格區分嫡庶，確立大宗、小宗。其政權形式則是「宗君合一，家國同構」。周天子被視為上天的嫡長子（天子），上天賜給他土地和臣民，擁有分封賞賜土地、臣民的絕對權威。根據史書記載，周初先後分封諸侯國七十一國，其中同姓（姬姓）諸侯四十國，異姓諸侯三十一國。這些受封的諸侯尊奉周天子為「大宗」，為天下共主。各諸侯以封國為「氏」，形成新的氏族。各諸侯又在自己國土內分封埰地、食邑給同姓或異姓的卿大夫，卿大夫尊奉國君為宗主，並在自己的采邑封地內再次分給同姓或異姓士人。

卿士、大夫也以邑、以地為氏，衍生出新的氏族。這樣自上而下一層一層分封，一姓所出的支系越來越多，越來越細，新的氏族也就越來越多。如周天子所封同姓諸侯都是姬姓，但因封國有魯、鄭、衛、晉、吳、虞、霍、虢、管、蔡、巴、隨之別，四十個同為姬姓的諸侯，即演變為四十個新的氏號，而這些獲得封國和氏號的諸侯，再次分封，又衍生出新的氏族。如魯國公姬旦的幾個兒子，又分為蔣、凡、邢、茅、胙、祭等若干個小國，其公族、支裔衍生的姓氏達九十一個之多；再如，周宣王時，封其弟姬友於鄭國，其後裔衍派達一百零七個姓氏（參見何光岳《周源流史》）。

周代的「胙土命氏」，逐級分封，嚴格遵循了以嫡長子繼承權為核心的封建宗法制原則，即「別子為祖，繼別為宗」。具體來講，就是王室、諸侯的嫡長子有權繼承父親為王、為君；王室、國君的庶子，也稱「別子」，無權繼承王位、君位，但有分封的權利，需分給一定的食邑、埰地，自成系統，透過「胙土命氏」的方式，成為新的氏族，別子就成為這一新的氏族的開派之祖（得姓受氏之祖），即「別子為祖」。別子的嫡長子繼承新家族的權位成為這一新的家族的大宗，就是「繼別為宗」。這就是後世「祖」、「宗」二字的來歷和內涵。

在這種宗法制度下，天子等級最高，可用其王朝的稱號為氏：如周天子及其嫡派子孫即以周為氏；而諸侯國則以其封國為氏，如晉、魯、齊、燕、鄭、吳等；卿大夫以封邑為「氏」，如原氏、薛氏、楊氏等；效力於王室公族的職業技人等則以技為「氏」，如車氏、屠氏、陶氏等。由於「命氏」由上而下出自帝王、君侯所賜，能夠「封土命氏」的，都是貴族諸侯，即使以職業技藝命氏的「百工」，也不是一般平民、賤奴，而是管理平民奴隸的「工長」、管事。因為「氏」可以表明出身家世和社會地位，是貴族特有的標誌和尊號，所以「氏」有強烈的「氏明貴賤」的社會功能。在封建宗法制度下，氏族成為周王朝最基本的政治組織形式，其存在、發展、演變、衰落的過程，極其生動地反映了當時社會政治、經濟、軍事、文化等各個方面的狀況，氏族研究在某種意義上是認識和研究先秦史的重要依據。

這樣，由「胙土命氏」的封建宗法制度，逐漸取代了氏族社會單純的血緣氏族制度，氏族習俗則被提取、轉化、昇華為系統的理論化、法制化的文化形態和宗法制度。由遠古父系氏族社會中的族長制，演變為夏、商、西周的封建宗法制，標誌著姓氏文化的萌芽和形成。

先秦姓氏雙軌制，秦漢合一成定制

先秦時期，姓氏相別、界定明確、功用不同，不得混用。故而先秦時期，「姓氏雙軌」，分別使用，同時並存。秦漢以後，姓氏合一，成為定制。姓氏相別的社會功能，演變為以地望相別、區分等級的門閥制度，融入了封建宗法、社會等級、家族功業等文化內涵，也融入了不同地域、不同民族的各種特色，形成了相容並包、多元一體的中華姓氏的文化體系。兩千多年來雖然經歷了改朝換代的風雲變幻，吸納了多次的「胡漢互化」，但姓氏合一的基本形式，世代相承，流傳至今。

姓氏雙軌，各有功用

「姓氏雙軌」是指先秦時期，「姓」與「氏」這兩個標示家族譜系的稱號，並用共存而又有所區分的現象；「姓氏合一」則是秦漢以來，姓氏一體化的表述。由「姓氏雙軌」到「姓氏合一」，是中華姓氏史上一個重要的發展、演變過程，是中華姓氏制度形成和確立的重要標誌。

如前所述，「姓」產生於母系氏族社會，「氏」產生於父系氏族社會。「因生賜姓，姓別婚姻」、「胙土命氏，氏明貴賤」，表明「姓」是血緣傳承的譜系，「氏」是地域區分的標誌；「姓」的功能是區別婚姻，注重血緣人倫，「氏」的功能是表明族別，強調社會政治地位。二者相輔相成，功用不同。「姓氏雙軌」制起源於父系氏族社會，從「氏」產生之時起，「姓氏雙軌」即開始運行。如中華民族最早的人文初祖太昊伏羲氏，論其姓源是鳳姓，稱其氏號則為伏羲；黃帝軒轅氏，姓源是姬姓，氏號稱軒轅；炎帝神農氏，姓源是姜姓，氏號稱神農；堯帝姓屬姚姓，氏稱伊祁；舜為媯姓，氏稱有虞；大禹以姒為姓，氏稱有夏；商朝以子為姓，以商為氏；周朝以姬為姓，以周為氏。及至周初分封，各諸侯國「姓」有同姓、異姓、庶姓之別，「氏」則各自以國命氏，「姓」自「姓」，「氏」自「氏」，並用共存，互不相混。只是在不同場合，使用時有所不同。比如，在政治、軍事、社交、祭祀等以男性為中心的重大場合，以「氏」出現，而談婚論嫁、締結姻親時，則要嚴格區分「姓」之所出，即血緣的傳承系統。

由於「姓」取決於血緣，生而有姓，故終生不變，世代相承；「氏」則源出君主所賜，後天而來，可因封賞、地域的變化而一變再變。加之，「氏」的來源中，還有以爵為「氏」，以族為「氏」，以技為「氏」，以諡為「氏」，以字為「氏」，以名為「氏」等多種形式，於是出現了一姓多「氏」的現象。如周王室本為姬姓，在西周大分封中，分封同姓諸侯國達四十國之多，姬姓即分支為四十個新的「氏」。又如，周初封舜帝後裔媯滿於陳國，遂以陳為「氏」，媯滿死後，賜號胡公，又以胡為「氏」；因舜生於姚墟，故以姚為「氏」；媯滿後裔中有一支食邑於田，又以田為「氏」。於是「媯、陳、胡、姚、田」被稱為「舜裔五姓」。再如魯孝公後代展禽，因其先人字子展而得展氏，因受封於柳而得柳氏，死後謚號惠而得惠氏。公孫鞅因是衛國人稱衛鞅，因受封於商而稱商鞅，因是衛國公族之孫，也稱公孫鞅。再如晉國大夫士會一生中稱謂有多個：士會、隨季、武子、士季、隨會、隨武子、范會、范武子，其中隨、范為封邑，士為官職，季為排行，武為謚號，會為名字。這種「姓」、「氏」並用共存的「姓氏雙軌」制，歷經夏、商、西周，一直延續到春秋末期未發生變化。到春秋末期，戰國之際，由於社會的急劇動盪，「禮樂崩毀，社會失序」，「姓氏雙軌」制賴以生存的社會基礎日益瓦解。

首先，從「胙土命氏，氏明貴賤」的角度來看，春秋末期周天子的權威下降，已無力分封和控制諸侯，不再具備「胙土命氏」的實力，諸侯僭越稱位，自立王侯者時有所聞，亡國失氏者屢見不鮮。到春秋末期，周初分封的百餘個大小諸侯，僅剩下晉、齊、秦、鄭、宋、衛、魯、陳、蔡、許、曹、楚十二大諸侯。進入戰國時期，又形成秦、楚、齊、燕、韓、趙、魏七雄爭霸的局面。長期的諸侯割據，兼併戰亂，使一些世家大族因滅國或失掉封邑，流離失所，墜命亡氏，降為庶民。而一些地位低下的士人階層、庶民百姓則乘勢而起，逐步登上政治舞臺。如商鞅、范睢、蘇秦、張儀，即依仗自己的才能功業，列土封侯，成為新的貴族階層，產生了新的氏族。

尤其是春秋末期，隨著「井田制」的破壞和土地私有制的確立及商業貿易的發展，擁有大片土地私有權的地主階級和新興的商業人士，逐漸取代了由封建宗法產生的、世襲土地臣民的貴族階層，成為社會的新貴。如春秋時魯國人猗頓，早年是「耕則常饑，桑則常寒」，常年不得溫飽的一介平民，後棄農經商，「大畜牛羊於猗氏之南（今中國山西臨猗縣），十年之間其息不可計，貲擬王公，馳名天下」，成為中國歷史上最早的商業鉅子，遂以發家之地猗氏為「氏」。再如越國大夫范蠡，輔佐越王勾踐，「十年生聚，十年教養」，滅掉吳國後，即掛印而去，經商於四海，成為天下巨富，後定居於帝堯之子丹朱故地——陶邱（今中國山東平原縣），自稱陶朱公，以陶朱為「氏」。在「重農抑商」「重本輕末」的宗法社會裡，因經商致富而側身氏族之列，說明了社會風氣的一大變革，「氏明貴賤」的社會功能已失去了其現實意義。

其次，從同姓不得通婚的社會禮制和倫理觀念來看，「姓別婚姻」一向被世人所推崇，並以法制和禮制的雙重形式世代相延，若有違犯將受重責。但是到春秋末期，因為出於同一古姓的社會集團不斷地繁衍、增殖，勢力範圍和地理分佈不斷擴大，同姓異氏的分支越來越多，血緣關係越來越遠，同姓不婚的觀念日益淡薄。加之在夫權社會裡，男尊女卑的世俗觀念十分盛行，買賣奴婢、陪嫁媵妾等社會風氣也十分普遍，婚姻已成為具有功利性的社會交易。尤其是一些同姓異氏的諸侯、貴族，出於政治、外交等多種需求，往往置同姓不婚的祖訓於不顧，透過聯姻締親等手段，實現自身的利益。如出自姬姓的魯昭公即娶了同樣源自姬姓的吳國女子吳孟子為妻，受到孔子的評議；晉平公也因貪圖美色娶了與自己同姓的四個美女為妾。由此可見，同姓不婚這個古老禮俗的約束力已越來越薄弱，「姓別婚姻」的社會功能，也日漸減弱。

秦漢一統，姓氏合一

秦滅六國後，一統天下，全面推行郡縣制度，完全以行政區劃代替了以血緣關係為網絡的封建宗法制度。這種政治結構的社會制度，既葬送了封建宗法制度，也剷除了世卿世祿的世襲制度，使代表貴族階層高貴出身和社會地位的「氏」黯然無光，成為只標記血緣譜系的符號，與「因生賜姓」、標誌家族血緣關係的「姓」已無多大區別。「姓氏合一」已是社會歷史發展的必然趨勢。

「姓氏合一」的制度始於西漢初年，顧炎武在《日知錄．氏族》中說：「姓氏之稱自太史公始混而為一。《本紀》於秦始皇則曰『姓趙氏』，於漢高祖則曰『姓劉氏』。」也就是說太史公司馬遷忠實地記錄了這一歷史時期「姓氏合一」的姓氏制度及其演變的規律。秦朝末年，大規模農民起義爆發，封建宗法的姓氏制度受到嚴峻的挑戰和毀滅性打擊。秦末農民大起義的領袖，戍卒出身的陳勝揭竿而起振臂一呼，首先發出了「王侯將相甯有種乎」的質疑。一批平民百姓，甚至刑奴、屠夫湧入了農民起義軍的行列，成為推翻秦朝統治、建立西漢王朝的主力和元勳。如漢高祖劉邦原為泗水縣亭長，漢丞相蕭何為沛縣小吏，梁王彭越原為漁戶，舞陽侯樊噲乃一殺狗屠夫，統軍大將淮陰侯韓信則是流浪街頭、曾乞食於漂母（洗衣婦）的市井小民，淮南王英布原為被黥刑、刺面的刑奴。

這些推翻暴秦、創建漢朝的新貴，均出身寒微，沒有顯貴的家世，自然而然地擯棄了原先那種標誌社會身份地位、以「氏明貴賤」的姓氏制度，對原有的貴族世家進行了毫不留情的掃除。根據史書記載，西漢初年，為了消滅各地豪強的勢力，抑制六國舊族試圖複國的苗頭，下令將齊、楚、燕、趙、韓、魏六國後裔和豪族名門十多萬人，強行遷徙到關中諸陵，分給田宅，集中居住。如齊國公族田氏，因族大人多，遷徙時即按照其居住的宅第，分為八門、八氏：田廣之孫田登為第一氏、田祭為第二氏、田癸為第三氏……田廣之弟田英為第八氏。堂堂的一國王族，國破家亡之後，不僅其後裔淪為庶人、罪民，其姓氏也遭到踐踏，由國姓公族改為以毫無意義的序號作為姓氏。

這種「亡國墜氏」的慘劇在春秋戰國之際已是屢見不鮮。到秦漢時，表明社會地位、區別身份貴賤的「胙土命氏」的封建宗法制度蕩然無存，「氏明貴賤」的社會功能也隨之消失，「姓」、「氏」都成為僅僅表明個人及其家族血緣關係的符號，恢復了中華古姓產生之初的本義，「姓」、「氏」兩大支脈又合二而一，融為一體。鄭樵在其《通志．氏族略》中對這種「姓氏之失」、「渾而為一」的歷史演變有一段十分形象的描述：「秦滅六國，子孫皆為民庶，或以國為氏，或以姓為氏，或以氏為氏，姓氏之失自此始。故楚之子孫可稱楚，亦可稱芉。周之子孫可稱周子南君，亦可稱姬嘉。又如姚恢改姓為媯，媯皓改姓為姚，茲姓與氏渾而為一者也。」並進而由此論斷：「三代（夏、商、周）之前姓氏分而為二，男子稱氏，婦人稱姓。氏所以別貴賤……姓所以別婚姻……三代之後，姓氏合而為一，皆所以別婚姻，而以地望明貴賤。」

由先秦時的姓氏相別、「姓氏雙軌」，到秦漢以來的「姓氏合一」、姓氏通用，是姓氏發展史上一個重大的轉折、演變，秦漢以後，姓氏不別，混為一體，或言姓，或言氏，或兼稱「姓」、「氏」。這種「姓氏合一」的結果，使原先用以明貴賤的「氏」完全融入原始的姓中，極大地豐富和擴展了姓的數量和內涵，形成當今姓氏的基本形態，姓氏體系基本定型，歷朝歷代雖有所發展、變化，但都基本上保持遵循了「姓氏合一」這一模式。自此以後，姓氏不再有別，自帝王以至平民百姓，人人都享有姓氏的權利，每一個宗族都有自己固定的姓氏，子子孫孫持續使用，留傳至今。為區分先秦時期和秦漢以來姓氏發展的不同歷史階段和文化內涵，我們把先秦姓氏統稱為「古姓」，把秦漢以來姓氏統稱為「今姓」。

貳

展示百姓之風采，演繹華夏之文明

姓氏的類別、特色及傳承演變

中國是一個統一的多民族國家，由五十六個兄弟民族組成。其中漢族人口最多，約占全中國人口總數的百分之九十四。其他五十五個少數民族的人口數量多少不等，相差很大。各兄弟民族在締造統一的多民族國家的歷史進程中，不斷地發展經濟上的聯繫和文化上的交流，不同的政治制度彼此影響，繁多的姓氏制度互相滲透。

在中國五十五個少數民族中，姓氏制度完備的約有四十個民族，有名無姓的有十幾個。少數民族所占人口比例雖然不大，但擁有的古今姓氏十分繁多。在中國歷史上先後出現的一萬兩千多個姓氏中，有兩千個左右來自少數民族，占中華姓氏的六分之一，是構成中華姓氏的重要組成部分，使中華姓氏蘊涵了濃厚的民族特色。民族交融，「胡漢互化」，是中華姓氏發展中不可或缺的重要環節，也是中華姓氏相容並包，多元一體化的精髓所在。

各國姓氏何其繁，中華姓氏體系全

縱觀中華姓氏起源、發展、演變、形成的歷史軌跡，可以看出，中華姓氏具有姓源廣博、包羅萬象，持續傳承、縱貫古今，相容並包、多元一體，分類科學、自成體系等鮮明特色，形成了完整系統的人文科學體系，是世界各國、各民族都不可比擬的文化瑰寶。

人人有姓氏的日本政策

以日本為例，由於受中國傳統文化影響較深，姓氏起源較早，但直到一百多年前，日本人還不是每個人都有姓氏，只有貴族、武士、神官才有姓氏。一八六八年明治維新，八年後，頒佈了《苗字必稱令》（也譯作《平民必稱姓氏、名字義務令》，簡稱「壬申戶籍法」），下令全國平民「必須人人有姓氏」，明確規定作為「國民的一種義務」強制推行，於是平民百姓才急急忙忙隨便取一個姓氏來應付。許多人因不知如何選姓，便以神官手中的標誌——鈴木為姓，以求得恩蔭吉利，因而鈴木成為當今日本的第一大姓。

孝感動天

親嚐湯藥

齧指心痛

單衣順母

負米養親

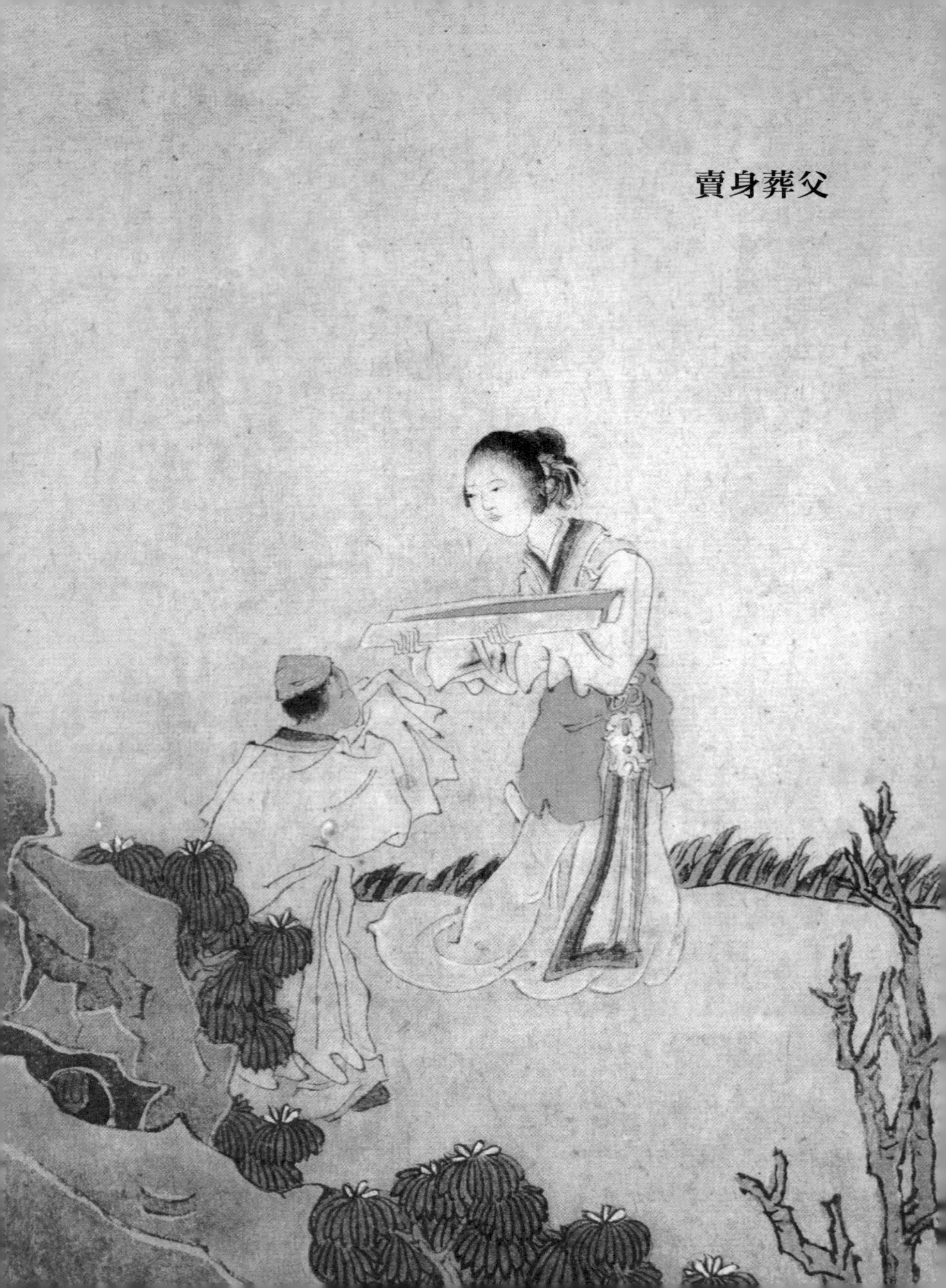

賣身葬父

鹿乳奉親

行傭供母

歐美國家政治同化與宗教的姓氏起源

再如法國和歐洲東部的猶太人，直到十九世紀才有姓氏。在十八世紀前，猶太人只有名，沒有姓。《聖經》中記載的一千多名猶太人及祖先，如亞伯拉罕、雅各、大衛、所羅門等，均是有名無姓。十八世紀晚期，奧匈帝國哈布斯堡王朝，為了強制同化猶太人，下令猶太人必須採用固定的姓氏，歐洲各國統治者紛紛仿效，用嚴刑峻法強制猶太人在短期內為自己確定姓氏，並由行政部門出面干預，胡編亂造，強行登記，於是在部分猶太人中出現了荒誕無稽的姓氏，如「阿凡克勞特」（瘦皮猴）、「奧赫森施瓦茲」（公牛尾巴）、「伊塞爾科普」（蠢驢腦袋）等充滿侮辱性的姓氏。到二十世紀三〇年代，德國納粹政權再次強迫猶太人改名換姓，使原已混亂的猶太人姓氏更加混亂不堪。直到十多年後，以色列立國，猶太人才抹掉歷史留給他們姓氏上的恥辱。

此外，英、美等西方國家，由於歷史原因，其姓氏多起源於希臘、希伯來、條頓、拉丁等語系，而且帶有濃厚的宗教色彩。

有完整組織的中華姓氏文化

總之，由於社會、民族習慣、文化傳統等多方面原因，不同國家、不同民族的姓氏，在姓氏文化上各有特色。相比之下，中華民族的姓氏文化，確實是源遠流長，豐富多彩，特色鮮明，體系完備，值得我們每一位中華民族的子孫驕傲和自豪。

包羅萬象姓源廣，縱貫古今源流長

人之有姓，與生俱來。姓氏作為社會個體或家族群體的重要標誌，在日常生活、社會往來、功名事業、典籍記載中，無處不在，可謂生而有姓，終生相隨，死而傳世，代代相承。

姓氏的過去與現存數量

然而從古到今，中國人到底有多少姓氏，現存姓氏又有多少，由於歷代人口姓氏的不斷發展、演變，歷來說法不一。根據明末清初學者顧炎武《日知錄》記載，上古三皇五帝時期姓氏只有二十二個，加上五帝以外的其他姓，大約有五十個。漢代史遊所著《急就篇》僅列一百三十個姓，唐朝林寶所撰《元和姓纂》所收姓氏達一千二百三十二個，宋代鄭樵《通志．氏族略》所錄姓氏為二千二百五十五個，邵思的《姓解》中收錄姓氏二千五百六十八個，元代馬端臨的《文獻通考》中載錄姓氏三千七百三十六個，明代王圻的《續文獻通考》著錄姓氏已多達四千六百五十七個。明末清初淩迪知編撰的《古今萬姓統譜》有「萬家姓」之稱，可見中國古代姓氏之多。臺灣鄧獻鯨所編《中國姓氏集》收錄姓氏已有五千六百五十二個。在今人竇學田所編撰的《中華古今姓氏大辭典》中，收錄古今姓氏已達一萬兩千多個。而比較權威的說法則是中國科學院遺傳研究所研究人員杜若甫、袁義達根據全中國第四次人口普查資料及臺灣一九七〇年出版的《臺灣地區人口之姓氏分佈》一書，進行統計研究，編撰出版的《中華姓氏大辭典》中，確定中華民族的姓氏多達一萬一千九百六十九個，其中單字姓五千三百二十七個、雙字姓四千三百二十九個、三個字以上姓氏二千三百一十三個。目前仍在通用的漢姓三千多個。

根據中國戶政管理研究中心發佈的《二〇一九年全國姓名報告》，按戶籍人口數量排名，二〇一九年位居前列的一百個大姓中，王、李、張、劉、陳排名前五，其後依次為楊、黃、趙、吳、周、徐、孫、馬、朱、胡、郭、何、林、高、羅、鄭、梁、謝、宋、唐、許、鄧、韓、馮、曹、彭、曾、肖、田、董、潘、袁、蔡、蔣、余、于、杜、葉、程、魏、蘇、呂、丁、任、盧、姚、沈、鍾、姜、崔、譚、陸、范、汪、廖、石、金、韋、賈、夏、付、方、鄒、熊、白、孟、秦、邱、侯、江、尹、薛、閆、段、雷、龍、黎、史、陶、賀、毛、郝、顧、龔、邵、萬、覃、武、錢、戴、嚴、歐、莫、孔、向。前一百個大姓總人數占全中國戶籍人口的百分之八十五點九。

姓氏主要人口分佈

全中國各省（區、市）的姓氏人口分佈不盡相同。王姓是全中國第一大姓氏，同時也是北京、天津、河北、山西、內蒙古、遼寧、吉林、黑龍江、江蘇、安徽、山東、河南、海南、陝西、甘肅、新疆十六個省（區、市）第一大姓。李姓為湖北、湖南、重慶、四川、雲南第一大姓。張姓為上海第一大姓。劉姓為江西第一大姓。陳姓為浙江、福建、廣東第一大姓。楊姓為貴州第一大姓。黃姓為廣西第一大姓。馬姓為青海、寧夏第一大姓。西藏自治區藏族人口所占比重約百分之九十四點三，進行戶籍登記時絕大多數只登記名字，故對西藏自治區人口的姓氏未作統計分析。

臺灣的當地居民多為閩、粵二省移民後裔，在兩千三百多萬人口中，漢族占百分之九十九以上。其人口姓氏的排列依次為：陳、林、黃、張、李、王、吳、劉、蔡、楊、許、鄭、謝、高、洪、丘、曾、廖、賴、徐、周、葉、蘇、莊等。

泱泱大國，億萬蒼生，在這數以萬計的古今姓氏中，有的相沿承襲，沿用至今；有的曇花一現，自生自滅；也有的遭逢變故，改姓冒姓；還有的姓隨人意，應運而生。這些姓氏千奇百怪，五花八門，乍一看，似乎頭緒繁多，龐雜無序。但若追根溯源，分門別類，即可發現如此眾多的古今姓氏，姓源明晰，類別井然。經過歷代專家學者的整理研究，姓氏學已成為專事研究人類姓氏起源、繁衍變遷、地理分佈及其社會功能的專業學科。它可將繁雜眾多的古今姓氏，條分縷析，歸併為若干門類。

中國的姓氏分類學始於何時，難以考究。從現存文獻典籍來看，最早的有關記述，是漢代應劭《風俗通．姓氏篇》和王符的《潛夫論．志氏姓》，收錄了當時的數百個姓氏，並依據其得姓受氏的來源，分為九大類型。

古代姓氏類別表

1	氏於號	以祖先的族號為姓氏，如唐、虞、夏、殷。
2	氏於爵	以賞賜的爵位為姓氏，如王、公、侯、伯。
3	氏於居	以居住地方為姓氏，如城、郭、園、池。
4	氏於謚	以貴族的謚號為姓氏，如文、武、莊、穆。
5	氏於官	以擔任的官銜為姓氏，如司馬、司空、司徒。
6	氏於國	以分封的國名為姓氏，如齊、魯、宋、衛。
7	氏於事	以特殊事件、典故為姓氏，如車、竇、白馬、青牛。
8	氏於序	以兄弟親屬的排列順序為姓氏，如伯、仲、叔、季。
9	氏於職	以職務的稱號為姓氏，如三烏（大夫）、五鹿（大夫）。

上述分類，基本符合中國古代姓氏的來歷，但顯得較為簡略。此後千餘年來，有關姓氏的著述層出不窮，但對後世影響較大、分類較為明晰、較有權威的著述，是宋代鄭樵的《通志·氏族略》。

《通志．氏族略》博採前人研究成果，集眾家之說，將得姓受氏的類別，詳列為三十二類：「以國為氏，以郡國為氏，以邑為氏，以鄉為氏，以亭為氏，以地為氏，以姓為氏，以字為氏，以名為氏，以次為氏，以族為氏，以官為氏，以爵為氏，以凶德為氏，以吉德為氏，以技為氏，以事為氏，以諡為氏，以爵系為氏，以國系為氏，以族系為氏，以名氏為氏，以國爵為氏，以邑系為氏，以官名為氏，以邑諡為氏，以諡氏為氏，以爵諡為氏，代北複姓，關西複姓，諸方複姓，代北三字姓。」

中華姓氏的起源分類

以上應劭之分類過於粗略，多有疏漏，而鄭樵之分類則太過煩瑣，且有重複。後世姓氏學著述或刪繁就簡，或增補新的姓源，使得姓受氏之源流分類異彩紛呈，各有優劣。今汲取各家之長，將中華姓氏之起源形式歸納為以下類型。

現代姓氏類別表

1	以圖騰為氏
2	以國為氏
3	以封邑為氏
7	以序為氏
8	以爵為氏
9	以名、號為氏
13	以事為氏
14	以物為氏
15	以任所為氏

4	以地為氏
5	以族為氏
6	以官為氏
10	以謚為氏
11	以技藝為氏
12	以德行為氏
16	賜姓、冒姓、改姓
17	諸種複姓
18	其他姓源

以圖騰為氏：上古時期，每個氏族都有自己的圖騰，後來不少圖騰演變為姓氏。如夏祖女志夢見流星落地，化為神珠薏苡，吞之而生禹，故以薏苡為圖騰，姓「姒」氏，「姒」即由「苡」字演化而來。再如周之始祖母姜嫄因「履大人之跡」而生稷，所謂「大人之跡」是指巨大的足跡，實為熊的足跡，故周人以熊為圖騰，以「姬」為姓。又如東夷部族以鳥為圖騰，史稱「鳥夷」，有不少鳥類的圖騰演化為姓氏，如鳥氏、鳳氏、爽鳩氏等。

以國為氏：以國為氏，大體有四種情況。一為以古封國為氏。如唐氏，堯帝初封於唐（其地在中山唐縣），周代又封其後裔為唐侯（其地在魯山縣）以奉堯嗣，故其子孫為唐氏。又如商氏，舜帝命契為司徒，封於商，子孫以國為氏，是為商氏。周初大封諸侯，各諸侯國子孫以國為氏的情況更為普遍，如齊、魯、衛、晉、管、蔡、霍、曹、陳、楚、鄭、吳、韓、魏、許、呂等均是以國為氏。

以國為氏的第二種情況是古代邊遠地區少數民族小國歸化後，以國為氏，如漢代西羌滇國，於漢武帝時降漢，後人稱為滇氏。唐永徽初年，有吐火國遣使者來獻大鳥，留居中國，稱為吐火氏。

以國為氏的第三種情況是異國人來華定居，以其國名為氏。如東漢時安息國太子出家修行，遊歷中原，定居洛陽，遂稱安氏。隋唐時，西域有個米國（今烏茲別克斯坦境內），其國人來華定居，大多稱為米氏。印度古稱天竺，有國人來華留居，自稱為竺氏。

以國為氏的第四種情況是漢代以後，受封郡國的諸侯王，以郡國爵位為氏，如漢代景丹封采陽侯，趙謙祥封周陽侯，張敖封信都侯，其子孫均以所封郡國為氏。

以封邑為氏：自周代實施分封制度之後，各受封於天子的諸侯國可在自己的封地內對公族卿大夫及有功之士賞賜大小不等的封地，俗稱「封邑」，作為受封的食采之地，故封邑亦稱「食邑」、「采邑」。後人因以為氏，如溫、蘇、楊、甘、樊、祭、尹、賈、欒、酈、邴等。

與封邑性質類似，而所封采邑較小的「五等之封」，通常封於鄉。其子孫以鄉為氏，如裴、陸、龐、閻之類。

以地為氏：以地為氏有三種類型：有以所封之地為氏，無封地者以所居之地為氏，也有以所生之地為氏的。如神農氏生於姜水，因而取姓為姜；虞舜因居於姚墟，因而取姓為姚；商代名相傳說因築居於傅岩，故稱傅氏；再如東郭、西郭、北郭、東門、西門等，均以生地或居地為氏。

另外，也有以當地名山大川為氏者。如鮮卑人居賀蘭山之陽，後人稱「賀蘭氏」；越王無疆次子居歐余山之陽，後人稱為「歐陽氏」或「歐氏」。再如伏羲氏有一支後裔，遷徙到川東巴水上游，子孫留居此地，稱為「巴氏」。

以族為氏：以族為氏者，可分兩大類別。一是以宗族、公族（主要是卿大夫、王公、貴族）分支為氏。如楚有三族，昭、屈、景；齊有左、右公子，故分左、右兩族。二是古代少數民族，以部落、部族為氏。如漢代鮮卑族有慕容部，後人稱慕容氏；古匈奴有呼衍部，內附中原後，稱為呼衍氏，也稱呼延氏；古遼東有宇文部、完顏部，後人稱宇文氏、完顏氏。

以官為氏：以官為氏者，多以其所任官職之職能、性質為氏。如春秋時，管理市場的官員稱為「褚師」，宋、衛、鄭、魯等國均有此設置，子孫世襲此職，稱「褚氏」。帝堯時，皋陶擔任執掌刑獄的大理職務（司法官），子孫世襲此職，稱「理氏」。商紂王時，理征因直言進諫，獲罪被誅，其子理利貞避難於伊侯之墟，「食木子得生」遂改「理」為「李」。周大夫辛有，二子在晉國任「董史」（監管晉國典籍的史官），後代以官為氏，稱「董氏」。周代宮廷中專管藏冰的官員叫「淩人」，後代稱為「淩氏」。再如司馬、司徒、司空、司寇、司工、司城、司士、司功等姓，皆系以官為氏。

以序為氏：以序為氏者，一是指以始祖排行順序為姓。古代兄弟排行通常用伯、孟、仲、叔、季來表示長幼之序，因而形成了伯、孟、仲、叔、季等姓氏。如魯桓公之子慶父在庶子中排行老大，他的子孫便稱為孟孫氏，簡稱孟氏；仲孫氏、季孫氏等姓氏均屬此類。

二是以表示事物的先後次第為姓氏。如漢初遷六國後裔及豪強大族於關中，齊國田氏分支較多，為便於區分，分別排列為第一氏、第二氏到第八氏，後世遂有第一氏、第二氏、第三氏等特殊姓氏。

三是以表示時間先後、順序的序號為姓。如甲、乙、丙、丁、戊、己、庚、辛、壬、癸及子、丑、寅、卯、辰、巳、午、未、申、酉、戌、亥，原為天干、地支的專用名詞，後演變為姓氏。傳說混沌初開之際，天皇氏有十二人，為使十二兄弟「輪流相合，周而復始」共理天下，便商定以「十天干以定歲次」，「立十二地支，以定四時」。這種傳說雖難以考證，但從文獻記載及考古發現中可以確知，商代開國之君成湯號「天乙」，成湯之孫號「太甲」。此外尚有「祖乙」、「外丙」、「仲丁」、「太戊」、「雍己」、「祖庚」、「帝辛」、「外壬」等商王名號，可見後世以十天干為姓氏的姓源由來已久。

同時，在《史記》、《路史》、《姓苑》、《姓考》、《姓解》等姓氏書中，也都載錄了以子、丑、寅、卯等十二地支為姓源的姓氏。

以爵為氏：以爵為氏者，多為王侯公室等貴族後裔。如皇、王、公、侯、公孫、公士、庶長等姓氏，均以其始祖爵位封號為氏。但同姓未必是同源同宗，如王姓，有「姬姓」（周代王族）之王，如「太原王」；有「子姓」之王，如「汲郡王氏」（商代比干後裔）之王；有「嬀姓」（舜帝之後）之王；有「虜姓」（由少數民族漢化）之王；也有亡國後的王孫公子改為王姓者。由於姓源較多，故王氏人口眾多，成為中國大姓。

在以爵為氏的同一姓氏中，又區分「族系」，衍生出「以爵系為氏」的一種複姓類別。如「王氏」派生出「王孫氏」、「王叔氏」；「公氏」則有「公子氏」、「公孫氏」的區別。

以名、號為氏：此類姓氏的來源，大都來自古代帝王、名臣、名人。如伏氏為伏羲氏之後、有氏為有巢氏之後、軒轅氏為黃帝之後、禹氏為大禹之後、湯氏為商湯之後、員氏為楚名臣伍員之後、金氏為少昊金天氏之後、甲氏為商王太甲之後等。

與「以名、號為氏」相同的另一類別是「以字為氏」。如白氏為秦國大將白乙丙之後（白乙丙，姓蹇名丙，字白乙）；宋國大司馬公孫嘉，字孔父，其孫遂以祖父字為氏，稱為孔氏。

以諡為氏：諡法起於周代，所謂「生有爵，死有諡，貴者之事也」，多為帝王、名臣死後追封加贈的褒揚之詞，後世子孫引以為榮，遂以諡為氏。如莊氏為莊王之後，康氏為康叔之後，武氏為宋武公之後，桓氏為齊桓公之後，文氏為周文王之支系等。

以技藝為氏：古代百工技藝多子承父業，世代相傳，相沿既久，遂以為氏。如以陶冶為業者為陶氏，以屠宰為業者稱屠氏，以卜巫為業者稱巫氏。此外，如工氏、農氏、藥氏皆為此類。

以德行為氏：以德行為氏可分為兩類。一是以「吉德」即優良品德為氏，如趙大夫趙衰對人熱誠溫厚，有如冬天的太陽般可親，故稱為「冬日氏」。二是以「凶德」即劣行、罪惡為氏。此類姓氏多為歷代統治者懲罰敵對勢力或有罪之臣而強加於人的。如漢代淮南王英布起兵反漢，兵敗被殺。因其早年曾受黥刑（臉上刺字），其族人被貶為「黥氏」。楊玄感因起兵反隋，被隋煬帝貶為「梟氏」。

以事為氏：以事為氏者多含有紀念意義性質。如夏代少康帝的母親為避寒浞的追殺，懷著身孕從後牆一洞穴中逃出，回娘家生下少康。少康中興恢復帝位後，為紀念此事，便命小兒子改姓「竇」氏，「竇」即洞穴之意。再如漢武帝時，丞相田千秋因年老，每奉旨入朝議事，特詔乘小車出入宮中，以示尊老之意，時人稱之為「車丞相」，其子孫遂以「車」為氏。

以物為氏：古人常以祥瑞之物作為姓氏。如前秦符洪家，池生菖蒲，長五丈，其形五節如竹，當時的人稱之為「蒲家」，後人便為「蒲氏」。再如長柳氏、長梧氏、長桑氏等均因家園有此祥瑞之物而以為氏。

以任所為氏：以擔任某地職守而為氏者，在春秋戰國時較為盛行，是以封邑為氏的一種變相衍生。如楚國蘭氏、權氏、沈氏、鄖氏，魯國之匡氏等，均因其祖上曾分別擔任蘭縣、權縣、沈縣、鄖縣及匡縣縣尹而得姓。

賜姓、冒姓、改姓：此處的賜姓，是狹義的專指賜姓，不同於三代以前的「因生賜姓」，而是秦漢以後封建大一統的專制國家形成後，最高統治者為褒賞籠絡臣屬的一種政治手段。賜姓多為歷代帝王賞賜有功之臣為皇室姓氏，統稱「國姓」。賜姓之制始於漢代。漢高祖劉邦為表彰婁敬、項伯的功績，賜婁、項二人為劉姓。唐代賜予有功之臣和歸附的番邦異族為「李姓」者多達十六族。明太祖朱元璋也曾賜外甥李文忠、養子沐英、何文輝等為朱姓。南明隆武帝也賜鄭成功為「朱姓」，人稱「國姓爺」，以示榮寵。皇帝賜姓於臣屬，並不都是褒獎、恩寵；對於政敵、叛臣，也賜兇險姓氏以示懲罰。如武則天稱帝後，強令唐室皇后王氏改姓「蟒」，將起兵反對她的李姓諸王賜姓虺（音毀）氏。

冒姓之現象多發生於魏晉、隋唐，由於「九品中正制」及其以郡望門第品評人物，選官任職，出身寒門者往往有冒姓、攀附之現象。

改姓多為避仇、避難或避諱時，改稱他姓。如東漢時有個聶台，和人結下怨仇，為逃避仇人追殺，改為張姓，隱居雁門馬邑（今山西朔州）。他的後人張遼，是三國時名將。

諸種複姓：中國複姓由來已久，尤其是在邊遠地區的少數民族中複姓更為普遍。宋代鄭樵在其所著《通志．氏族略》中，將複姓列為「代北複姓、關西複姓、諸方複姓、代北三字姓」四個門類，實際上複姓多至四字、五字以至七、八字的也還不少，尤其是宋代以後，經遼、金、西夏、元、清幾代，中華各民族之間接觸、交融日益頻繁，奠定了現代民族團結大家庭的基礎。上述這些具有民族特色的姓氏，隨著歷史的進化和民族的融合，大部分已簡化、漢化，只有一小部分仍保留著複姓的原貌。如清朝的「愛新覺羅氏」等，一直沿用到現在。

其他姓源：中華姓氏龐雜繁多，姓氏來源千奇百怪。如古代有一種「吹律定姓」的特殊方式。《白虎通．姓名篇》說：「古者聖人吹律定姓，以記其族。」因古代母系氏族社會，人多知其母而不知其父，「有同祖而異姓，有同姓而異祖」，或因避仇改姓等，相互錯雜。為區分族別，故有「吹律定姓」之法，即依據古代韻律而定姓氏。如《漢書．京房傳》記載：「房本姓李，推律自定為京氏。」

此外，有以古都名為氏者，如少昊建都芬桑，後人有芬桑氏；黃帝建都於有熊，後人有有熊氏；周故都在岐，子孫留居者，稱為岐氏。也有以古朝代名為氏者，如夏、商、周、秦、漢等。還有以鄉為氏、以亭為氏、以姓為氏，少數民族與漢族混姓，簡化改姓等多種姓源，紛繁複雜，難以一一列述。

中華姓氏的四大特色

中華姓氏的來源及其類別，雖然千頭萬緒，五花八門，若從現代生活的角度和科學體系看，可歸納為四大特色。

姓氏特色表

1	地域性	以人類出生、居住、生活的地方為姓氏來源。如以國為氏、以邑為氏等即屬此類。
2	紀念性	以先祖或部族的圖騰、名諱、徽號、謚號為姓氏來源。如以字為氏、以名為氏、以族為氏、以謚為氏、以爵為氏等皆屬此類。
3	職業性	以先祖所從事的工作、官職、技藝等作為姓氏來源。如以官為氏、以技藝為氏、以事為氏、以職為氏等皆屬此類。
4	歷史性	先祖或部族的圖騰崇拜或與生活、生存發展緊密相關的古老的姓氏及少數民族的姓氏，大多屬於此類。

隨著人類社會的文明進步和人口的繁衍增長，姓氏日益增多，姓源也日益複雜，甚至發展到「姓隨人便」的程度。如在革命戰爭年代，地下工作者改用化名；一些著名作家和藝術工作者取用藝名；獨生子女成婚後，兼用夫妻雙方姓氏為後代取名等。另外，涉外婚姻中兼用中外姓氏者也比比皆是。凡此種種因素必然導致中華姓氏日益豐富多彩。

中華姓氏雖然源遠流長，但歷代由於受到地域、交通、通信等多方面的限制，人們很難全面瞭解和調查各個姓氏的情況，也難以做出全國性的統計。因此雖然歷代都有專人、專著整理這方面的資料，但大都停留在姓氏的多少及部分姓氏的起源方面。姓氏文化在文字學、歷史學、民俗學、心理學、教育學、民族學以及政治、經濟、宗教等學科中的歷史作用和社會功能，尚有待於進一步發掘、整理和系統研究。

奇僻姓氏多絢麗，各有特色蘊情趣

中華姓氏歷經數萬年演繹、發展，內涵豐富，異彩紛呈。隨著朝代的更替、民族的融合，不少姓氏已湮沒在歷史的長河中，一些新的姓氏則在時代的進程中產生。在從古到今的數萬個姓氏中，有不少稀奇古怪的奇僻姓氏，若稍加收集，分門別類，則情趣盎然，回味無窮。現擇其要者簡述如下。

含有象徵性的姓氏

姓氏特色表

1	代表數字的姓氏	一、二、三、四、五、六、七、八、九、十、壹、貳、參、肆、伍、陸、柒、捌、玖、拾、零、百、千、萬等。
2	表示時令、節氣、氣象的姓氏	春、夏、秋、冬、陰、陽、日、月、年、歲、季、時、分、秒、風、雲、雷、電、雨、雪、冰等。
3	表示方向、方位的姓氏	東、南、西、北、上、下、左、右、前、後、高、低、東方、西門、北宮、南郭等。

4	表示各個歷史朝代的姓氏	夏、商、周、秦、漢、晉、魏、蜀、吳、梁、齊、陳、隋、唐、宋、元、明、金、清等。
5	表示中國各省、市、自治區地名簡稱的姓氏	京、津、滬、冀、魯、豫、蘇、皖、晉、桂、湘、鄂、閩、川、浙、甘、寧、陝、吉、遼、黑、台等。
6	表示中國各民族稱謂的姓氏	漢、滿、蒙、回、藏、苗、彝、侗、瑤、白、黎、土、羌、怒、壯等。
7	表示各行各業的姓氏	工、農、商、學、兵、藝、師、陶、鐵、醫、干、戰、藥、屠等。
8	表示各種顏色的姓氏	赤、橙、黃、綠、青、藍、紫、紅、黑、白、灰、烏、丹、朱等。
9	表示天干地支的姓氏	甲、乙、丙、丁、戊、己、庚、辛、壬、癸、子、丑、寅、卯、辰、巳、午、未、申、酉、戌、亥等。
10	表示五行、五常的姓氏	金、木、水、火、土、仁、義、禮、智、信等。
11	表示五音、五金的姓氏	宮、商、角、徵、羽、金、銀、銅、鐵、鋁等。

12	表示六畜、四獸的姓氏	牛、馬、豬、羊、狗、雞、龍、鳳、鶴、麟等。
13	表示五嶽、江河的姓氏	泰、華、恒、衡、嵩、江、河、湖、海等。
14	表示五穀、百果的姓氏	麻、黍、稷、麥、豆、桃、李、杏、梨、果等。
15	表示「歲寒三友」及花草四君子的姓氏	松、竹、梅、蘭、菊等。
16	表示人倫、親屬的姓氏	祖、宗、父、子、公、孫、叔、伯、老、娘、姑、姐等。
17	表示人體部位的姓氏	頭、骨、耳、目、口、舌、齒、膽、足、皮、毛等。
18	表示動物屬類稱謂的姓氏	熊、狼、虎、蛇、蟲、魚、雞、鴨、鵝、牛、馬、驢、貓、鹿等。
19	表示以官職為姓的姓氏	王、公、侯、伯、尉、司馬、司徒、督、尹、卿、相等。
20	表示因罪受貶或地位卑微的姓氏	殺、死、醜、打、罵、不、黥、虺、蟒等。

除了上述各種奇異古怪的姓氏外，有相當一部分姓氏文字生僻，筆劃繁雜，難寫，難讀，甚至連字典上都難以找到。

此外，還有姓氏為多字姓（三字以上）的，如刹利耶加氏、唐兀烏密氏、矢黎婆羅氏、胡右口引氏、自死獨膊氏、禿魯八歹氏、拙兒擦歹氏、乞失迷兒氏、主兒赤台烏祐氏、卜顏勒多伯台氏等，這主要是少數民族的姓氏。

也有的姓氏出自偶然，頗有奇趣。如有的給最後出生的兒子命氏為「尾生氏」；周穆王因寵姬早卒，哀痛不已，改稱其族為「痛氏」；春秋時晉大夫趙衰待人熱誠，如冬日之溫暖，遂被稱為「冬日氏」；漢代有個人因不知自己的姓氏，乾脆以「姓」為姓，稱為「姓氏」……。

由於中華姓氏形色繁雜，異彩紛呈，稀奇怪僻的姓氏很多，明代以來，就出現了專收此類姓氏的專著，如明代的《希姓錄》、《奇姓通》，清代的《希姓補》等。另外《清稗類鈔》一書中，也集有清代稀有姓氏一千三百四十八個。

讀音特殊罕見姓，音義相近細辨析

中國作為一個歷史悠久、幅員遼闊、民族眾多的泱泱大國，其姓氏文化的發展、演變，也必然留有歷史的印跡和濃郁的地方特色及民族風俗，致使部分漢字，在作為姓氏的場合，形成特殊的讀音。這種「姓氏異讀」的產生，一是由於古音、今音的差別，二是方言、聲調的不同，三是民族習俗的遺存。我們在稱呼他人姓氏時，必須搞清正確的讀音，否則會引起誤會，甚至鬧出笑話。

為了方便廣大讀者區分識別，掌握使用，現列舉如下。

讀音完全不同姓氏表		
姓氏	正確讀音	錯誤讀音
秘	ㄅㄧˋ	ㄇㄧˋ
薄	ㄅㄛˊ	ㄅㄠˊ
褚	ㄔㄨˇ	ㄓㄨˇ
句	ㄍㄡ	ㄐㄩˋ
莞	ㄍㄨㄢ	ㄨㄢˇ

姓氏	正確讀音	錯誤讀音
炔	ㄍㄨㄟˋ	ㄑㄩㄝ
藉	ㄐㄧˊ	ㄐㄧㄝˋ
圈	ㄐㄩㄢˋ	ㄑㄩㄢ
角	ㄐㄩㄝˊ	ㄐㄧㄠˇ
闞	ㄎㄢˋ	ㄏㄢˇ
陸	ㄌㄨˋ	ㄌㄧㄡˋ
繁	ㄆㄛˊ	ㄈㄢˊ
繆	ㄇㄧㄠˋ	ㄇㄡˊ

洗	宿	盛	折	單	仇	區	乜	兒
ㄒㄧㄢˇ	ㄙㄨˋ	ㄕㄥˋ	ㄕㄜˊ	ㄕㄢˋ	ㄑㄧㄡˊ	ㄡ	ㄋㄧㄝˋ	ㄋㄧˊ
ㄒㄧˇ	ㄒㄧㄡˋ	ㄔㄥˊ	ㄓㄜˊ	ㄉㄢ	ㄔㄡˊ	ㄑㄩ	ㄇㄧㄝ	ㄦˊ

姓氏	正確讀音	錯誤讀音
解	ㄒㄧㄝˋ	ㄐㄧㄝˇ
員	ㄩㄣˋ	ㄩㄢˊ
笮	ㄗㄜˊ	ㄗㄨㄛˊ
曾	ㄗㄥ	ㄘㄥˊ
查	ㄓㄚ	ㄔㄚˊ
翟	ㄓㄞˊ	ㄉㄧˊ
祭	ㄓㄞˋ	ㄐㄧˋ

聲韻相同而聲調不同的姓氏表

姓氏	正確讀音	錯誤讀音
葛	ㄍㄜˇ	ㄍㄜˊ
過	ㄍㄨㄛ	ㄍㄨㄛˋ
哈	ㄏㄚˇ	ㄏㄚ
華	ㄏㄨㄚˋ	ㄏㄨㄚˊ
紀	ㄐㄧˇ	ㄐㄧˋ
監	ㄐㄧㄢˋ	ㄐㄧㄢ
俱	ㄐㄩ	ㄐㄩˋ
那	ㄋㄚ	ㄋㄚˋ

姓氏	正確讀音	錯誤讀音
甯	ㄋㄧㄥˊ	ㄋㄧㄥˋ
舍	ㄕㄜˋ	ㄕㄜˇ
曲	ㄑㄩ	ㄑㄩˇ
闕	ㄑㄩㄝˋ	ㄑㄩㄝ
任	ㄖㄣˊ	ㄖㄣˋ
燕	ㄧㄢ	ㄧㄢˋ
要	ㄧㄠ	ㄧㄠˋ
於	ㄩ	ㄩˊ

姓氏	古音	今音
應	ㄧㄥ	ㄧㄥˋ
訾	ㄗ	ㄗˇ

古今讀音不同的姓氏

姓氏	古音	今音
阿	ㄚ	ㄜ
蛾	ㄜˊ	ㄧˇ
費	ㄈㄟˋ	ㄅㄧˋ
宓	ㄇㄧˋ	ㄈㄨˊ
那	ㄋㄚ	ㄋㄨㄛˊ

姓氏	古音	今音
尉	ㄨㄟˋ	ㄩˋ
葉	ㄧㄝˋ	ㄕㄜˋ

雙音雙姓的姓氏

姓氏	古音	今音
賁	ㄅㄣ	ㄈㄟˊ
蓋	ㄍㄞˋ	ㄍㄜˇ
隗	ㄎㄨㄟˊ	ㄨㄟˇ
召	ㄕㄠˋ	ㄓㄠˋ（傣族姓）

覃	ㄊㄢˊ	ㄑㄧㄣˊ（壯族姓）
鐔	ㄊㄢˊ	ㄔㄢˊ
郇	ㄒㄩㄣˊ	ㄏㄨㄢˊ
樂	ㄩㄝˋ	ㄌㄜˋ

此外，還有幾個複姓的讀音很特殊：「單于」應讀ㄔㄢˊ ㄩˊ，「万俟」應讀ㄇㄛˋ ㄑㄧˊ，「澹台」應讀ㄊㄢˊ ㄊㄞˊ，「尉遲」應讀ㄩˋ ㄔˊ，「長孫」應讀ㄓㄤˇ ㄙㄨㄣ，「宰父」應讀ㄗㄞˇ ㄈㄨˇ，「羊角」應讀ㄧㄤˊ ㄐㄩㄝˊ，「中行」應讀ㄓㄨㄥ ㄏㄤˊ。

鑒於上述各姓氏的特殊讀音，因而我們在日常生活和社交場合中，須多加留意，不可自以為是，錯讀誤認，以免失禮尷尬。

參

自古風雲多變幻，村大根深枝葉繁

姓氏的遷徙流布及支派繁衍

遷徙流布，支派繁衍，是中華姓氏發展演變的重要途徑，也是尋覓姓氏淵源和發展脈絡的基本線索。中國幅員遼闊，民族眾多，早在遠古時期就有「炎黃集團」、「東夷集團」、「苗蠻集團」等不同的姓氏集團分佈於中華大地。在數千年的歷史長河中，由於生活環境的變化、自身發展的需求，以及官方的強制措施、改朝換代

的戰亂影響和做官出仕、留守戍邊、避仇謀生等種種原因，大的姓氏集團不斷分化、繁衍，不同姓氏的家族不斷流播遷徙。特別是一些權勢顯赫、人口眾多的高門望族，根深葉茂，枝葉遍佈，落地生根，分支衍派，既推動了社會經濟文化交流，也促進了家族自身的發展。

江山易主尋常事，百姓流遷無已時

改朝換代，江山易姓，封建割據，軍閥混戰，是中國歷史上屢見不鮮的社會現象。由此引發的戰爭浩劫，往往使廣大民眾流離失所，背井離鄉；而新一代的統治者，為了鞏固統治地位，醫治戰爭創傷，往往採取強制性的大規模移民。因而改朝換代，江山易主往往成為姓氏遷移的主要動因。如秦滅六國之後的「山東遷虜」、西晉末年的「永嘉之亂」、唐末的「安史之亂」和宋室南渡，都是造成大規模移民的社會根源。

山東遷虜，舊族失序

中國歷史上的封建王朝，都是建立在「宗君合一，家國同構」的宗法制度之上，是家族統治的最高模式，因而改朝換代，就是不同姓氏的家族興衰更替、流播遷徙的契機。如秦、漢大一統的社會變更，就造成了中國歷史上第一次大規模的姓氏遷徙。

戰國時期，七雄並立，割據爭霸。秦孝公任用商鞅，變法圖強，國力日益強盛。始皇時連年用兵，侵吞六國，俘獲了大量六國臣民。因而秦滅巴蜀之後，設立蜀郡，移民萬戶入蜀墾殖，其中相當一部分為山東（崤山、函谷關以東）六國被俘臣民，史稱「山東遷虜」。及至秦始皇掃平六國，統一宇內，為了充實關中一帶的經濟實力，削弱六國貴族的反叛勢力，將六國舊族大姓、天下富豪十二萬戶徙置咸陽，以便就近監控，同時將全國劃分為三十六郡（後增至四十餘郡），設官治理。從根本上廢除了「胙土命氏」，封邦建國的制度，使六國舊族失去了賴以東山再起的基礎。

在秦末農民大起義中，六國舊族乘勢而起，以復國為號召，擁兵割據。漢高祖劉邦以一介布衣小吏，掃滅群雄，統一天下。鑒於六國舊族死灰復燃的先例，劉邦接受婁敬的建議，徙齊、楚舊族大姓田氏、昭氏、景氏、屈氏、懷氏五姓及韓、趙、魏、燕的強宗豪族於關中地區，其中齊國的田氏，被遷至關中、房陵一帶，並按照遷徙的次序，被編為「第一、第二至第八氏」。直至今天仍有「第五」的姓氏，即是這次遷民的歷史見證。景帝、武帝、昭帝、宣帝也多次遷徙六國之民開邊戍守，移民總數達七十二萬五千餘口，移民之地多為「戎狄蠻夷」雜處的定襄、雲中、五原、朔方、代郡、北地、上郡、隴西及雲陽、會稽諸郡，進一步削弱、分散了六國舊族的反叛勢力，鞏固了中央集權的封建統治。

這也是後來大批「以國為氏」、「以邑為氏」、「以鄉為氏」的家族，其得姓發祥祖地，往往與姓氏郡望不一致的原因之一。如趙氏，其得姓淵源是因始祖造父被封趙城（今屬山西），並以姓立國。但秦漢以後，趙姓郡望卻是天水（今屬甘肅）。再如田氏，原為齊國舊族，因始祖陳完受封於田而得姓，數世之後，取代姜姓統治齊國。秦漢之後田姓郡望卻是京兆、雁門、平涼、北平。又如屈、景、昭三姓，本是楚國三大貴族，但後世屈姓郡望為臨海（今屬浙江）、河南（今屬河南），景姓郡望為平陽、晉陽（均屬山西）和馮翊（今屬陝西），昭姓郡望無從查考，失去大姓資格。這種發祥祖地與郡望不符的現象，在其他姓氏中也屢見不鮮，在「以地為氏」的姓氏中表現得尤為突出，明白無誤地顯示出姓氏遷徙是一個普遍規律。

衣冠南渡，入閩開漳

縱觀歷代姓氏遷徙的規律，可以發現姓氏遷徙有兩大特徵。

一是以河南、河北、山西、山東、陝西等中原地帶向四周發散，反映了姓氏起源多在中原地帶。有關資料表明，僅河南起源的姓氏就占中華姓氏的五分之二，源於陝西的有五十多姓，源於山西的有一百多姓。

二是歷代大規模的姓氏遷徙和總的趨勢，是由北向南。究其原因，有地理環境和歷史原因。中原地區開發較南方早，經濟文化較為發達，人口相對稠密；遭逢戰亂，北方地區少數民族不斷南下中原，造成了北方士族大舉遷徙。士族南遷，歷代均有，但規模較大、人數較多、持續時間較長、對後世影響較大的幾次南遷，一在西晉末年、二在唐末五代，三在宋室南渡。

西晉末年的「永嘉之亂」，導致了司馬氏政權的分崩離析，匈奴、鮮卑、羌、氐、羯等少數民族入據中原，戰亂不已，史稱「五胡亂華」。北方的士族豪門紛紛渡江南遷，「中州士女避亂江左者十之六七」。這次戰亂引發的大規模遷徙，也形成了中華姓氏發展史的獨特現象，即「僑姓」的出現。北方士族南遷之後，為表示自己出身的高貴，在使用姓氏時，往往標以原有的郡望，以示僑居南方之意，如「琅琊王氏」、「陳郡謝氏」、「汝南袁氏」、「蘭陵蕭氏」、「河東溫氏」等，並以此為榮，高居江東諸姓之上。

在「永嘉之亂」中渡江南遷的士族，有的遠徙到福建嶺南，史稱「衣冠南渡，八姓入閩」。實際上此次入閩士族不只八姓，從現存族譜資料看，西晉時入閩的姓氏有：林、黃、蔡、鄭、吳、張、邱、詹、羅、楊、梁、翁、方、卓、溫、鍾、巫等二十餘姓。由於福建地處嶺南，三面環山，一面臨海，社會環境相對穩定，因而成為士族南遷較為集中的地區。

唐高宗總章二年（西元六六九年），派玉鈐衛左郎將陳政及其子陳元光率軍入閩，開發漳州，部屬隨之入閩定居者達五十八姓（一說四十五姓）。其後子孫繁衍，開宗立派，落地生根。陳元光被尊為開漳聖王，陳氏成為閩、臺一帶最大姓氏，林、董、張、蔡也蔚然成為大族。

唐天寶十四年（西元七五五年），「安史之亂」爆發，歷時八年之久。嗣後，藩鎮割據，王室衰微，終於導致了大規模的黃巢起義。中原一帶戰亂不已，民不聊生，中原士族再度大舉南遷，分別遷居於江浙、湖廣、雲南、閩粵等地。

如河南固始人王潮、王審知兄弟，率壽（州）、光（州）之民，渡江南下，轉戰於江浙、湖廣地區。唐光啟元年（西元八八五年）進入閩南，佔領福建全境，西元九〇七年唐朝滅亡，王審知被後樑太祖朱晃冊封為閩王。其子王延鈞於西元九三三年正式稱帝，改國號為閩，成為割據一方的地方政權。其子孫後裔繁衍日盛，成為中華王姓中一大支派——「開閩王氏」。

隨同王氏入閩的將士部屬，尚有陳、王、李、張、吳、蔡、鄭、楊、曾、周、郭、謝、蘇、何、廖、沈、施、盧、孫、傅、馬、薛等二十七姓，且以河南固始人居多。這些入閩將士，無一不以福建統治者自居。王氏政權亦因其開創之功和鄉梓情誼，對固始人特別優待。其他姓氏在修撰族譜時，有的就把入閩的時間扯到唐末五代，將祖籍故地與固始強行聯繫。

西晉「永嘉之亂」後八百年左右，而有宋代的「靖康之難」。西元一一二六年金兵大舉南下，攻陷汴梁，虜獲徽、欽二帝皇室宗親及朝廷重臣一千二百餘人。宋室被迫南遷，建都臨安（今浙江杭州），史稱南宋。中原人士再次大舉南遷。其規模之大，人數之多，超過以前各次南遷。其遷徙之地以江浙為主，也有相當一部分進入閩粵地區。至今寧波一帶名門大族，多自稱為「汴京遺宗」，而福建寧化石壁，先後遷徙的姓氏達一百多個。南宋名臣諸將，其祖籍也多在北方，如抗金名將韓世忠系延安人氏，「精忠報國」的嶽飛則祖籍湯陰（今屬河南）。

神州何處無佳域，落第深根綻新枝

中華民族向來有「同財共居，數世同堂」的歷史傳統，往往一個高門大姓、強宗望族，田連阡陌，人丁逾千，尤其是位高權重的帝王之家、公侯將相，更是宗支龐大，子孫眾多。

封藩建邦，枝開葉散

封藩建邦，廣布宗支，是中國歷代王朝維護政權、控制臣民、壯大家族、繁衍宗族常用的重要手段和施政方略。如西周初年，從武王滅商，周公輔政到成王繼位，數十年間不斷地分封諸侯，「胙土命氏」，使周王室的宗支衍派、姻親貴戚，以及元勳重臣的子孫後裔遍佈全國，形成了一個拱衛周王室的龐大網絡，也是中國歷史上姓氏繁衍最多、遷徙流布最廣的歷史時期。此後的劉漢帝國、李唐王朝，也無一不是借助封藩、就國，擴大宗族勢力，維護家族統治。所以劉、李二姓的郡望達數十個之多。即使在朱明王朝，明太祖朱元璋的鳳子龍孫，也都以封藩、出鎮之名，遍佈全國各省和軍事重鎮，甚至一省中就有多個藩王就封。這些就封的藩王子孫自然而然也就遷徙分佈到全國各地。

強宗大族，析族遷徙

歷代統治者，在封藩建邦，廣布宗支維護自身統治地位的同時，對一些能左右地方政權，威脅到政權穩固的強宗大族，強制遷徙，以便管理。其中較為典型的事例，就是江州義門陳氏的析族遷徙。根據家譜資料載稱，江州陳氏系南朝陳武帝陳霸先後裔。陳被隋文帝所滅後，其後裔隱居江西德安縣太平鄉常樂里永清村，以孝治家，聚族而居，曆隋、唐、五代，到宋仁宗時，歷時二百三十多年，十九代同炊共居，人口達三千七百餘口，田莊三百多處，產業遍佈十六個州郡，一百餘縣。

在標榜以孝治天下的封建社會中，江州陳氏曾受到歷代統治者的褒獎，譽為「義門陳氏」。然而這樣一個過於龐大的家族勢力，也必然引起當局的猜忌。宋仁宗嘉祐七年（西元一〇六二年），江南西路轉運使謝景初奉旨臨門，強行監護義門陳氏分析遷徙，依其字輩排行，分房支系，分析為大小二百九十一莊，分遷各府州縣。其中江南一百一十莊，兩直隸州及閩、浙、湖廣九十莊，楚地九十莊。經此次分析遷徙，義門陳氏子孫被分散到全中國一百二十五個州縣之中。元末明初，遷居於湖北沔陽的義門陳氏族人陳友諒起兵反元，建都江州，自稱漢王，並與明太祖朱元璋進行激烈的帝位之爭。陳友諒兵敗之後，陳氏又被當局第二次強令遷徙，致使義門陳氏後裔遍佈各地。

留戍守邊，定居異地

歷代王朝或割據政權，為了維護統治，保衛邊防，往往調用大批軍士、民眾，留戍邊防或移民屯墾。像秦代留戍長城、嶺南，移民巴蜀；漢代留戍西域，監控匈奴；唐代入閩開漳，宣撫南詔；明代鎮守雲南，駐戍遼東，都有大批將士軍卒長期駐守邊地，有的舉家隨軍，有的在當地娶妻生子，世代相傳，留居異域。如明代沐英，奉旨南征，帶兵入滇，世襲王爵，成為雲南豪門大族。騰沖齊青李氏也是隨沐英入滇，世居其地，成為大族。

尤為特殊的是，歷代帝王修築皇陵，常徵調大批士卒民夫，作為「陵戶」，久而久之，家族繁衍，漸成鄉邑。如漢高祖曾遷六國後裔及富豪之家於長陵，漢武帝徙郡國豪富及資產二百萬以上的名門大族於茂陵，漢昭帝募兵、徙民於雲陵。此外，唐代之乾陵、明代之孝陵、清之東陵，都招募遷徙不同數量的士卒、民眾，戍守陵寢，這些被遷徙或招募的軍士、百姓，往往世守其職，聚族而居，是中華姓氏遷徙史上的一大特色。

報本思源懷故地，明清移民八祖庭

中國歷代移民和姓氏遷徙，大都發生於社會激烈動盪的歷史時期，因而呈現出時間相對集中、數量相當巨大、流向較為明確、地域相對固定等明顯特徵。尤其是明清以來，由於版圖擴大、幅員增加，以及戰爭頻繁等多種原因，政府多次組織大規模官方移民，形成了八大著名的移民出發地和集散點，成為海內外炎黃子孫尋根問祖、報本溯源的朝宗聖地。

山西洪洞大槐樹

「問我祖先來何處，山西洪洞大槐樹」。這句廣為傳誦的中國民間俗語，極其生動形象地反映了山西洪洞大槐樹在中國移民史上的重要地位和炎黃子孫對洪洞大槐樹的眷戀之情。

根據史、志、族譜等文獻記載和眾多的專家學者調查考證，洪洞大槐樹移民，始於金初天輔年間（西元一一一七—一一二三年），延至清代乾隆時期（西元一七三六—一七九五年），歷經金、元、明、清四個朝代，時間跨度達六百餘年。移民次數在二十次以上，有確鑿文獻記載的即有十八次。其中以明朝洪武年間移民次數最多（十次），規模最大，移民量達八十萬以上。移民姓氏達八百多個，涉及漢、滿、蒙古、回四大民族，幾乎涵蓋了北方常見的姓氏。

洪洞大槐樹移民，多為官方組織的強制性移民。每次移民都發給川資、路引，並在安置地根據人口發給土地、種子、耕牛、農具，免除三到五年的錢、糧、稅收，是歷代移民中最為成功的範例。

洪洞大槐樹移民，多來自太原、平陽、澤、潞、遼、沁及汾州、代州等府州各縣。移民流向主要是山東、河南、河北、北京、安徽、江蘇、陝西、甘肅、寧夏、內蒙古等地，而後輾轉遷徙，播向神州大地，移民分佈達十八個省（市）、五百多個縣。洪洞大槐樹是中國歷史上移民次數最多、規模最大、發散地域最廣、涉及姓氏最多、影響最為深遠的移民點之一，也是炎黃子孫最為眷戀的尋根問祖的朝宗聖地。

蘇州閶門

蘇州閶門是蘇北民眾心目中的移民聖地。根據史籍、方志和族譜記載，蘇州閶門移民集中於元末明初，當時群雄並起，割據稱王，張士誠據蘇州與朱元璋爭衡天下。及張士誠兵敗被俘，朱元璋「驅逐蘇民實淮陽二州」。蘇州閶門遂成了移民的出發、集散之地。於是揚州、洪都、泰州、淮安、泗陽、高郵、寶應、鹽城、阜寧、東海以至於連雲港等地，都有了蘇州閶門移民的後裔。如寶應縣之劉氏、喬氏、王氏，興化市之顧氏、張氏、朱氏、周氏、姚氏、楊氏，泰和縣之葛氏、徐氏等，即是此次移民後裔。大名鼎鼎的《水滸傳》作者施耐庵、「揚州八怪」之一的鄭板橋等文人名士，其祖籍均為蘇州。

江西瓦屑壩

江西瓦屑壩也是明初移民集散地之一，是當今安徽安慶一帶眾多姓氏所公認的始遷祖籍。元朝末年，群雄並起，烽火連天，地處南北要衝的安慶府即成為群雄逐鹿的必爭之地。徐壽輝、陳友諒、朱元璋你來我往，征伐攻殺，致使安慶一帶戰亂不已，屢次易幟，人口銳減、土地荒蕪。相形之下，江西饒州之鄱陽、萬年、樂平、景德鎮則較少受戰亂波及，人口稠密。明政府為鼓勵人們向人口稀少的地區移民，制定了一系列獎勵政策。饒州貧民紛紛北遷安慶所屬各縣，形成一股移民浪潮。

此次移民，雖然史無明文記載，但在方志、族譜中有大量資料足以證明。安慶市圖書館藏的三十六種族譜中，遷自瓦屑壩和鄱陽縣的姓氏即達十八個，遷自饒州和江西各地的達二十六個，占安慶姓氏的百分之七十二以上。因此，安慶民眾多把江西瓦屑壩視作自己的始遷祖地。由於歷史的變遷，江西瓦屑壩的確切地址已難以確考。根據移民史專家葛劍雄等調查考證，今江西鄱陽縣之瓦燮嶺即為當年瓦屑壩故地。

湖北麻城孝感鄉

「湖廣填四川」是流傳於四川民間認祖尋根的俗語，意即四川民眾來源於湖廣。「湖廣」一詞為明代「湖廣布政使司（即行省）」的簡稱，大致相當於今湖南、湖北兩省行政區域。但元末明初遷入四川的移民多來自湖廣北部，即今湖北。

元末之際，湖廣一帶是反元義軍徐壽輝、彭瑩玉等紅巾軍活動的主要區域。元至正十七年（西元一三五七年）徐壽輝部將隨州人明玉珍率部西征，相繼攻佔重慶、成都。至正二十年徐壽輝為陳友諒所殺，明玉珍遂據蜀稱王，國號為夏。明玉珍所部多為湖北人士，徐壽輝被殺後，其舊部多入川投明氏政權。明氏政權在四川輕徭薄賦，保境安民，又吸引了大批湖北民眾入川。

及至朱元璋攻滅陳友諒之後，縱兵燒殺，四川更成為湖北百姓避難的樂土。明洪武四年（西元一三七一年），明將湯和、傅友德率兵入蜀，攻滅明氏政權，並多次移民入川，大批湖北人相繼入川，遍佈四川各地。

明清之際，四川再次遭受戰亂，人口銳減，於是又有大批移民陸續入川。其中大部分來自湖廣，形成了「湖廣填四川」的基本格局。由於湖北麻城孝感為移民入川的集散之地，故四川民眾多把麻城孝感視作尋根問祖的朝宗聖地。

湖北麻城孝感究竟在何處？相當於今天的哪一個縣市、鄉鎮？這是歷史學界、地理學界和譜牒學界多年來爭論不休的一大疑點。因為早在元朝，孝感縣、麻城縣就同時存在，前者屬德安府，後者屬黃州府，從來沒有統屬關係。筆者接觸到的一些川籍人士多次到孝感縣（今孝感市）尋根問祖，均不得要領。而今日麻城市又無孝感鄉（鎮）的建制。直到一九九一年，參與中國移民史研究的李懋軍先生在深入四川、湖北等地進行實地考察，查閱地方文獻時才發現，當年的移民集散地「麻城孝感鄉」在今麻城市的鄰縣紅安縣（原黃安縣）城關鎮一帶。原來明初麻城縣轄有四鄉：太平、仙居、亭川、孝感。明成化八年（西元一四七二年）因戶口減少，孝感鄉被劃入新設的黃安縣，其地相當於今紅安縣城關鎮一帶。至此，這段歷史疑案，經李懋軍先生的實地考證，才有了結論，也為眾多尋根問祖的川籍人士提供了可靠的線索。

山東棗林莊

山東棗林莊是中國移民史專家葛劍雄、曹樹基先生近年來實地考察中新發現的明初移民集散地之一，在今山東濟寧市兗州區北七里之遙的安邱王府莊。根據明代石碑記載，該村原名棗林莊，明魯王裔孫安邱王分封於此，始稱安邱王府莊。

該村位於兗州東部丘陵山區，地處兗州府城郊，正當濟南各州縣南下的交通要道。元末明初，未受戰亂波及，人口較為稠密，具備了集中移民的基本要素。雖然在官方文獻中未曾發現有關移民的記述，但在安徽濉溪縣誌中發現了在明洪武年間和清初由山東遷民本縣的記載，並標明占本縣人口百分之八十以上的「周、吳、鄭、王、李、丁、梁七姓」均為山東移民。筆者近年來在從事姓氏、族譜研究中，也曾多次收到遼寧、吉林等地民眾的諮詢電、函，稱其祖籍原系山東棗林莊，清初移民充實邊疆，遷居關外，要求幫助查證山東棗林莊確切位置和遷徙史實。這也可作為山東棗林莊為明清移民點的旁證。

廣東南雄珠璣巷

廣東南雄珠璣巷是宋元時期北方移民遷徙嶺南的集散之地，是珠江三角洲眾多姓氏念念不忘的發祥祖地。在眾多的族譜資料和民間傳說中，都大同小異地反映了南雄珠璣巷移民的歷史事實。

據說，珠璣巷原為北宋京城開封府的一條巷名。當宋室南渡時，南遷臣民落足南雄之後，為表達對故都的懷念，將自己的聚居之地取名珠璣巷。這是效法東晉以來，偏安江南的歷代王朝僑置郡縣的傳統做法。

當然，珠璣巷作為有限的彈丸之地，不可能會有大量人口以供遷移，但其地處南下嶺南的交通要塞，自然而然會成為嶺南移民最為眷戀、印象最深的集散之地。根據曾昭璿、魯憲珊兩位先生對家譜、方志等有關資料的統計和實地考察，列出珠璣巷移民家族多達七百九十七支。因而珠璣巷也就成為無數嶺南人精神上的故鄉，成為維繫他們桑梓之情、宗族之誼的根之所在。

福建寧化石壁村

寗化石壁，原名玉屏，也名石碧，由二十二個自然村組成。它位於武夷山脈東麓、福建省西隅，北連江、浙，南接粵、桂，四周山環水繞，中間是開闊的平原盆地，物產富饒，環境幽雅，堪稱世外桃源，是歷代南遷士民避亂求生、繁衍棲息的理想之地。早在秦漢之際，就有中原士民避亂遷徙於此。此後，在西晉「永嘉之亂」、唐末五代、宋室南渡及明清之際，每當中原動盪，社會巨變之時，都有一批又一批的大量移民湧入石壁，繁衍棲息，並由此而分遷閩南、閩西、粵東、臺灣，及湘、桂、川、黔等地。根據史、志和族譜記載，在長達兩千年的封建社會中，先後曾有一百零六個姓氏在此生存棲息，並由此播向東南沿海，繁衍海外。

由於寧化石壁獨特的地理位置，在社會歷史激烈變動的唐末五代，各割據勢力均鞭長莫及，成為較為安定的世外桃源，集聚了眾多的北方移民。根據史書統計，寗化在唐末人口僅一萬餘人，到南宋時已達十一萬之多，其中土著僅五千餘人。由於高山的阻隔和戰亂頻繁中斷了與中原的聯繫，在封閉的世界裡，他們以自己所擁有的傳統文化、語言、習俗，與當地土著的民風習俗混合在一起，漸漸產生出一種新的、獨特的既有中原古文化的遺風、又有區別和創新的文化，即「客家文化」。同時也形成了客家民系，並隨著子孫後裔的播遷繁衍，撒向各地。客家各姓氏族譜記載姓氏源流時，大多把從寧化石壁外遷的第一代祖先尊為家族始祖，因而福建寧化石壁被譽為客家文化的搖籃，客家民系的朝宗聖地。

河北小興州

河北小興州是明初洪武、永樂年間官方組織移民的又一集散地。洪武初年，大將徐達攻克元大都北京，元順帝北遁，元朝滅亡。元朝殘餘勢力雖然退居漠北，但仍有相當的軍事實力，對明王朝北邊構成很大的威脅。為此，洪武初年到洪武末年，在長城以外，東起遼東，中經山西北部，西至內蒙古西部，東西兩千餘里，南北數百里的廣大地區，屯兵衛戍。同時，為恢復和發展北平地區因戰亂遭受破壞的社會經濟，多次從燕山以北廣大地區（俗稱山后）向北平附近移民。

及至永樂皇帝登基，為進一步鞏固、發展北平地區社會經濟，確保京城安全，先後抽調長城以北二十七個衛所的將士約十五萬人，在北京附近屯邊戍守。同時，多次組織大規模的強制性移民，安置於良鄉、順義、平谷、大興、宛平、通州、薊縣、寶坻、香河、遵化、盧龍、武清、豐潤、清苑、容城、新城、安國、徐水、任丘、淶水、霸州、定興等地區，移民總數達十萬之多，涉及張、王、李、劉、梁、孫、崔、鄧、杜、魏、邢、徐等十多個姓氏。

根據《元史．地理志》所載：「興州，唐為奚地，金初為興化軍，隸北京，後為興州，元中統三年隸上都路，領縣二：興安、宜興。」明初為防禦漠北元朝勢力南侵，在興州建立了左、右、中、前、後五個衛所，屯兵戍守，使元代的興安小縣發展成為人口密集的軍事重鎮，但當地民眾習慣上仍以「小興州」稱之。

由於小興州是長城古北口外的第一重鎮，位於遼東、內蒙古南下北京的交通要衝，因而也就成為歷次移民的集散中心。由於年久日深，歷次移民後裔，難以確知其祖上原籍所在，往往把先祖遷徙的集散之地視作先人故籍祖地，因而在河北、山東、遼寧、吉林、黑龍江一帶現存的眾多族譜家乘中，追溯其家世淵源時，多稱其「先世自小興州，徙至□□地」。久而久之，小興州成為河北、內蒙古、山東、遼寧、吉林、黑龍江等地眾多姓氏尋根問祖的朝宗聖地。

上述八大移民祖地，北起關外小興州，南到廣東珠璣巷，東起山東棗林莊，西至湖北孝感鄉，基本上概括了清代以前漢族活動的主要區域，反映了姓氏遷徙的大致脈絡，是不同地域的家族姓氏尋根溯源的重要依據，也是海內外炎黃子孫朝宗謁祖的人文景點。

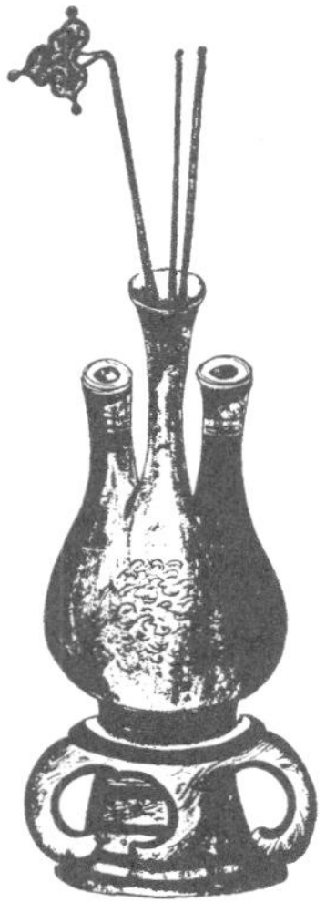

肆

姓分等級標郡望，族有堂號銘祖德

姓氏的郡望、堂號及其文化內涵

「郡望」和「堂號」，是姓氏文化中的重要內涵，是表明姓氏的地域分佈、文化特色的重要標誌，是區分同一姓氏不同地域和識別親疏的主要依據，也是尋根問祖、追源溯流的基本線索。在較為正規的族譜中，往往在姓氏前面冠以「郡望」（地

望），在姓氏之後標明「堂號」，使人一看便知該姓氏的起源發祥、支派族屬的基本脈絡。因而「郡望」、「堂號」是研究姓氏文化，查證家世淵源必備的基本常識。

萬代豪門稱郡望，庶民百姓也時尚

「郡望」一詞，是「郡」與「望」的合稱。「郡」是行政區劃，「望」是名門望族，「郡望」連用，即表示某一地域範圍內的名門大族。「郡望」一詞是血緣姓氏與地域分佈緊密結合、交互作用的產物，是「胙土命氏」、「氏明貴賤」的文化傳承，是秦漢以後區分姓氏等級、門第高低的重要標誌。

姓分等級，族標郡望

姓氏有等級之分、地域之別，源於夏、商、周三代的封邦建國、「胙土命氏」，以西周初年最為典型。在周初的大分封中，將諸侯各國分為同姓、異姓、庶姓三種，並根據其血緣親疏、功勳大小授予「公、侯、伯、子、男」五等爵位。凡與周天子同為姬姓的諸侯各國，稱為同姓之國，如魯、晉、鄭、衛、吳、燕、蔡、霍，是為本族同宗；凡與周王室世代通婚的，稱異姓之國，如申、呂、齊、謝，是為姻親貴戚；與周王室沒有宗支、姻親關係的則是庶姓之國，如秦、楚、巴、蜀。這三種封國，在封爵、土地、賞賜、禮儀上各有親疏遠近、高低貴賤之分。

秦漢以來，「氏明貴賤」的社會功能失去了社會基礎，一度減弱。但區分姓氏貴賤的傳統意識，仍然根深蒂固，到魏晉時期的門閥制度又達到了登峰造極的地步。秦漢以後，隨著家族的繁衍遷徙，姓氏原有的以血緣論親疏的文化內涵逐漸淡化，而以家族「地望」明貴賤的內涵成了姓氏文化最為突出的特點。「地望」，即姓氏古籍中常用的「郡望」，指魏晉南北朝至隋唐時每郡顯貴的家族，意思是世居某郡為當地仰望，並以此而別於其他的同姓族人。歷代的姓氏書中，其中有一類是以論「地望」為主，如唐代柳芳的《氏族論》和南朝劉孝標的《世說新語注》。歷代《百家姓》讀本，也往往在每個姓氏前面注明了「郡望」。

「郡」是由春秋戰國到秦漢逐漸形成的地方行政區劃。春秋時，秦、晉、楚等國在邊地設縣，含有「懸系」之意，後逐漸在內地推行。春秋末年以後，各國開始在邊地設郡，委派官員進行管理，以區別於世襲分封的侯國、封邑，面積較縣為大。戰國時在郡下設縣，逐漸形成縣統於郡的兩級行政區劃制。秦統一中國後，分全國為三十六郡，後來增加到四十多郡，郡下設縣。郡、縣長官均由中央政府任免，成為專制主義中央集權政權組織的一個部分。漢至隋唐繼承了秦代的郡縣制，但是具體的郡縣劃分有所不同。隋唐時代，往往州、郡的名稱能相互代用，但大多數時期稱「州」不稱「郡」。到了宋代，「郡」的行政區劃已經作廢。

但「郡望」作為專指某些地域內某一名門望族的習慣用語，卻保留下來，並與門閥制度緊密相連，在封建社會相當長的歷史階段中沿用不衰。

代表家族名望的門閥制度

所謂「門閥」一詞，是門第、閥閱的合稱。《史記．功臣表》說：「人臣功有五品，明其等曰閥，積日曰閱。」也就是說「閥」表示功勞的大小、品級，「閱」表示資歷和年限。為了顯示自己家族不同於普通人家，便在大門外豎立兩根高大的門柱，供人觀望，稱之為「閥」。門前有「閥」表示家有功名，乃仕宦之家，故稱「門閥」，亦稱「門望」，這就是門閥的本義和來歷。有時官方尚作明確規定，宣稱某姓為望族大姓，甚至具體劃分姓族等級，確定門閥序列，各姓權益地位不等，這就是門閥制度。

西漢、東漢與魏晉南北朝的門閥制度

門閥制度始於西漢。在秦末農民大起義中，奪得政權的漢高祖劉邦及其謀士蕭何均出身於平民小吏，開國功臣樊噲、灌夫多為市井屠戶、無賴。即使後來立國稱帝，身居將相高位，仍被人譏為「世無英雄，遂使豎子成名」。為了彌補這個缺憾，彰顯門第血緣高貴，劉氏皇族引經據典，稱其為帝堯之後，血統高貴，天生應稱王做帝。劉姓宗室子弟均貴為王侯，劉姓被稱為國姓，凡劉姓之人可免除一切徭役，享受「六百石」的中級官員待遇。同時對於幫助劉氏取得天下的項伯、婁敬等四人，賜以國姓，改為劉氏。蕭何、韓信、曹參、樊噲也都從遠古姓氏中找到了足以自豪的發祥淵源和得姓之祖，以光耀門庭。西漢末年，王莽篡位，建立新朝，亦製造輿論，說元城王氏出於帝舜，他也是天生註定要當皇帝的，並用法律手段公開宣稱他們的王姓，是天下最高的望族大姓。

東漢時期，門第等級觀念已十分盛行，門閥制度初步形成。如東漢永平年間樊、郭、陰、馬四姓外戚相繼專權，聲勢顯赫，被稱為「永平四姓」。一些官宦、名流的宗族親屬往往高官厚祿，數世不衰，弘農華陰楊氏四世四人官至三公；汝南汝陽袁氏四世五人位至三公；汝南平輿許氏三世三人官居三公等，皆成為當時令人稱羨的高門望族。他們在社會上的勢力和聲望累代延續，各以門第自詡，互相標榜，組合成一種具有特殊身份、享有特殊權利的社會集團。魏晉南北朝時，這些世家大族被稱為「大姓」、「高門」、「士族」、「著姓」、「冠族」、「右族」。高門望族的子孫即便遷徙外地，習慣上仍舉原籍或始祖發祥地的郡名作為標誌，後世稱之為「郡望」。

由於某一姓氏的姓源或發祥、聚集、變遷之地非止一處，於是一姓常常不只一個「郡望」，但通常以其中一個「郡望」為主，以區別主從及尊卑。如趙姓有天水、南陽、金城、下邳四望，以天水趙最為尊榮。李氏有隴西、趙郡等十餘個「郡望」，以隴西李最為顯貴。而王姓由於姓源支脈繁多，分佈廣泛，「郡望」多達二十四望，其中以太原王、琅玡王最為著稱。這樣「郡望」成為區別宗支派系、親疏、尊卑的一種重要標誌，後世有關姓氏研究的著述，均把「郡望」列為主要內容，詳加考辨。

在門閥制度盛行的魏晉南北朝時期，與高門望族相比，門第較低、家世不顯的家族則被稱為「寒門」、「庶族」。他們即使有一定的土地、財產，其成員也有入仕的機會，但概括來說，他們在政治生活中備受壓抑，其社會地位也無法與門閥士族相比。當時用以銓敘官吏的「九品中正制」正是這種門閥制度的集中表現。

九品中正制與門閥制度

所謂「九品中正制」是漢獻帝延康元年（西元二二〇年），新登基的魏王曹丕，為改革吏治、延攬人才，採納吏部尚書陳群的建議而設立的新的官吏選拔制度。其主要內容是在各州、郡設置「中正官」，負責考察州郡人士的門閥家世、才行品德，採納鄉里輿論，將人才分為上上、上中、上下、中上、中中、中下、下上、下中、下下九個等級進行推選，每十萬人中選拔出一人，由吏部任用官吏。

「九品中正制」初行時，評定之權基本掌握在聲望較高、有一定德才的中正官手中，尚能採擇輿論，薦拔人才。但是，以家族為基礎而盤踞於地方的門閥士族，很快就壟斷了薦舉權，其結果便是只論門閥家世，不論才行品德。出身於名門望族的「衣冠子弟」，即使無才無德，總被列為上品優先入仕，得授清貴之職；而出身孤寒的庶族子弟，即使才德超群，也被列為下品，即使入仕，也只可就任士族所不屑的卑微之職，以致形成了「上品無寒門，下品無士族」的局面。

門閥士族不僅各自控制地方權力，同時還左右朝政。國家法令又明文規定士族有蔭族、襲爵、免役等多種特權。士、庶之間有嚴格的區別，所謂「士庶之別，國之章也」。士族自視甚高，不與庶族通婚。如有士族與庶族通婚，或就任一般由庶族人所擔任的官職，稱為「婚宦失類」，是十分恥辱的事，會因此而受到排擠和嘲諷。

郡望名號顯赫家族的政治掌權

西晉滅亡後，北方不少豪門大族跟隨晉元帝司馬睿逃到江南，雖僑居異地，仍然打出了「琅玡王氏」、「陳郡謝氏」、「汝南袁氏」、「扶風杜氏」、「河東溫氏」等原來的郡望名號，史稱「僑姓大族」。這些僑姓貴族自西晉以來，就是中原的高門顯貴，晉室南渡後，也一直是東晉、南朝政權的支柱和基石，其中最著名的是「王、謝、袁、蕭」四大貴姓。在同一姓氏中，也因「郡望」不同，而有高下之別。如王氏，最高貴的是琅玡王氏，有「王與馬（司馬氏）共天下」的稱譽。其次是清河王氏，河間王氏。而居住在建康烏衣巷的「烏衣王氏」（琅玡王氏支派）尤為尊貴，被稱為「萬王之王」。東晉、南朝時，江東尚有朱、張、顧、陸四大望族，因居處古代吳越之地，被稱為「四大吳姓」。但因政權掌握在僑姓手中，因而一直未取得與王、謝等高門大族的同等社會地位。「僑姓」與「吳姓」兩大姓氏集團共同執掌南朝政權達兩百餘年。

與東晉、南朝隔江對峙的北朝歷代政權，對門閥制度更是推而廣之，在北魏時達到了登峰造極的地步。魏、晉之際，鮮卑貴族崛起北方，建立後魏政權即史稱北魏，實行了一系列漢化政策。魏獻文帝拓跋弘時，仿效漢族制度，對本部族姓氏進行改革，七分國人，設置諸部大人，以兄、弟族屬分而統之，賜姓命氏，稱為鮮卑十姓。

北魏時期的姓氏政策

到魏孝文帝更是大力推行漢化政策。北魏太和二十年（西元四九六年），朝廷頒佈了「姓族令」，將鮮卑二字姓、三字姓、多字姓改為漢族單姓，增加了不少新的姓氏，使用「姓」、「族」兩個稱謂，確定其等級高下、門閥序列，使「姓」與「族」這兩個意義相關相近的概念，有了嚴密而具體的界定。

「**姓**」**的標準有二**：一是原鮮卑各部落首領，有三世官在給事以上及州刺史、鎮大將及品登王公者；二是雖非部落首領，但系魏始祖拓跋珪以來的「從龍功臣」，其「職官三世尚書以上，及品登王公而中間不降官緒，亦為姓」。其中鮮卑貴族中的穆（丘穆陵氏）、賀（賀賴氏）、劉（獨孤氏）、樓（賀樓氏）、于（勿紐于氏）、稽（紇稽氏）、尉（尉遲氏）為「八大國姓」（含拓跋氏），最為尊貴，為第一等士族，並明令「司州、吏部，勿充猥官」，即上述八姓不得委派閒雜官職，均應任用為清要貴官。

「**族**」**的標準也有兩條**：一是各部落首領的後裔，自魏始祖以來，雖然「官不及前列，而有三世為中散、監以上，外為太守、子都，品登子、男者」；二是非部落首領後裔，但自魏始祖以來，「三世有令以上，外為副將、子都、太守，品登侯以上者，亦為族。」

均應充任重要官職，享有多種特權。

對於漢民族，以郡為單位，每郡選定做官人數較多、官位最高的姓氏，稱為「郡姓」，即州、郡的望族大姓，這也是後世「郡望」一詞的來歷。其中最尊貴的有清河崔氏、范陽盧氏、滎陽鄭氏、太原王氏、隴西李氏。

在上述鮮卑國姓與漢族郡姓中，又按家世門第區分等級，以別貴賤、尊卑。柳芳在其《氏族論》中對此有過明確論述：在南北朝時，「過江則為僑姓」，王、謝、袁、蕭為大；東南則為「吳姓」，朱、張、顧、陸為大；山東（指函谷關、崤山以東的中原地區）則為「郡姓」，王、崔、盧、李、鄭為大，關中亦為「郡姓」，韋、裴、柳、薛、楊、杜首之；代北則為「虜姓」，元、長孫、宇文、于、陸、源、竇首之。以上「僑姓、吳姓、郡姓、虜姓」合稱「四姓」，「舉秀才，州主簿、郡功曹，非四姓不在選。」

即使在上述「四姓」中，也因門第閥閱而有等級高下之分：凡三世有位居三公者為「膏粱」，有令、僕（射）者為「華腴」，有尚書、領、護以上者為「甲姓」，有九卿若方伯者為「乙姓」，有散騎常侍、太中大夫者為「丙姓」，有吏部正副郎者為「丁姓」。

門閥制度對魏晉南北朝時期的社會影響

在這種社會風氣的影響下，南北朝時，維護、推行門閥制度，載錄門第、區別族系的譜牒之學因而十分盛行。在南朝劉孝標所注的《世說新語》中，引證的家譜、家傳達數十種之多。這種別貴賤、分士庶的門閥制度，不僅在魏晉南北朝時十分流行，而且影響深遠，成為維護封建社會等級制度的準則習俗。宋代鄭樵在《通志．氏族略》中對此有一段十分精闢的論述：「自隋唐而上，官有簿狀，家有譜系。官之選舉必由於簿狀，家之婚姻必由於譜系。歷代並有圖譜局，置郎令史以掌之，仍用博古通今之儒，知撰譜事」，以便使「貴有常尊，賤有等威」。

在門閥制度下，姓氏直接影響著一個人的社會地位、婚姻大事，以至前途命運，甚至連日常交往、場面座次亦有區別。西晉文學家左思在《詠史》詩中曾對這種不合理現象做了尖銳的批評，詩曰：「鬱鬱澗底松，離離山上苗。以彼徑寸莖，蔭此百尺條。世胄躡高位，英俊沉下僚。地勢使之然，由來非一朝。金張藉舊業，七葉珥漢貂。馮公豈不偉，自首不見招。」

詩中「金、張」指西漢宣帝時的權貴金日磾（ㄐㄧㄣ ㄇㄧˋ ㄉㄧ）和張安世，他們的後代憑著祖先的功業，七代為漢室高官。而奇偉多才的馮唐（即詩中之「馮公」）卻因出身寒微，竟終生屈於人下，不能展露其才華。

懷橘遺親

乳姑不怠

恣蚊飽血

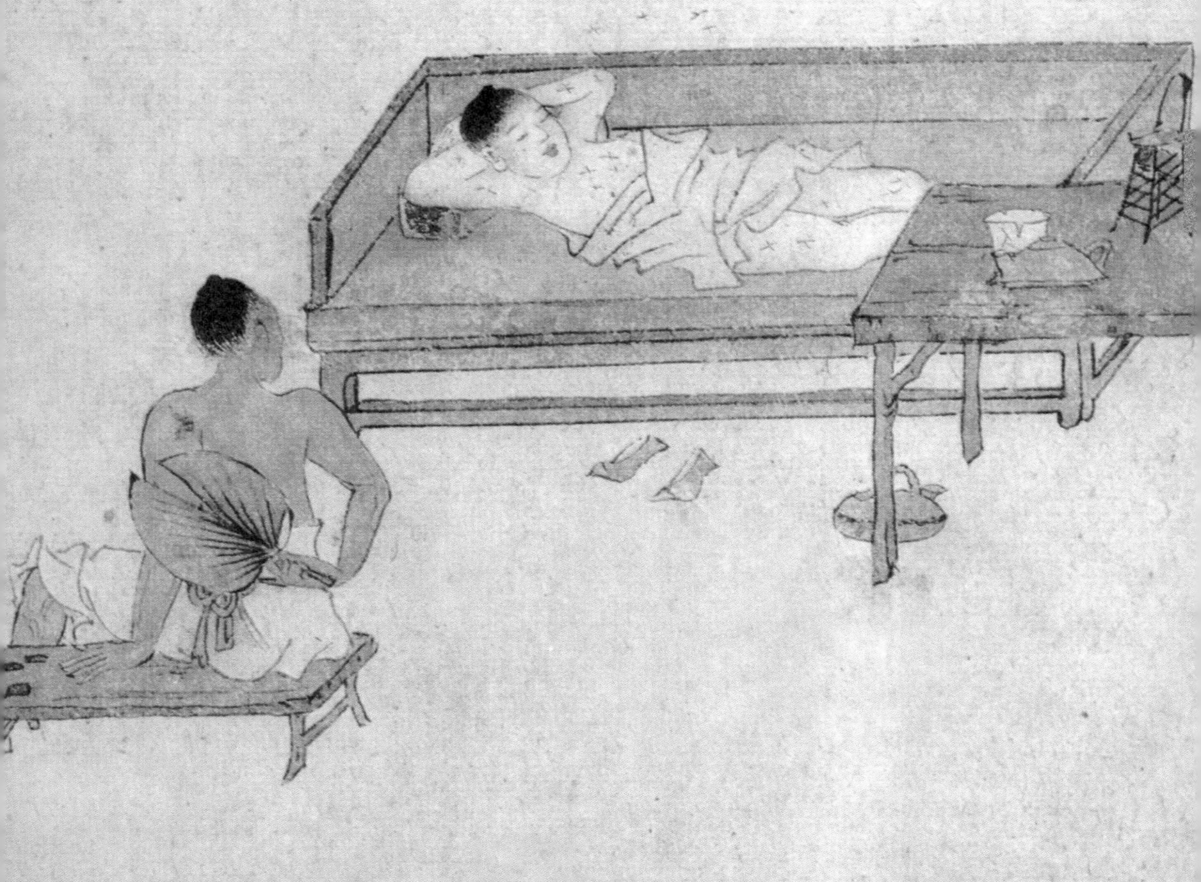

為母埋兒

搤虎救父

棄官尋母

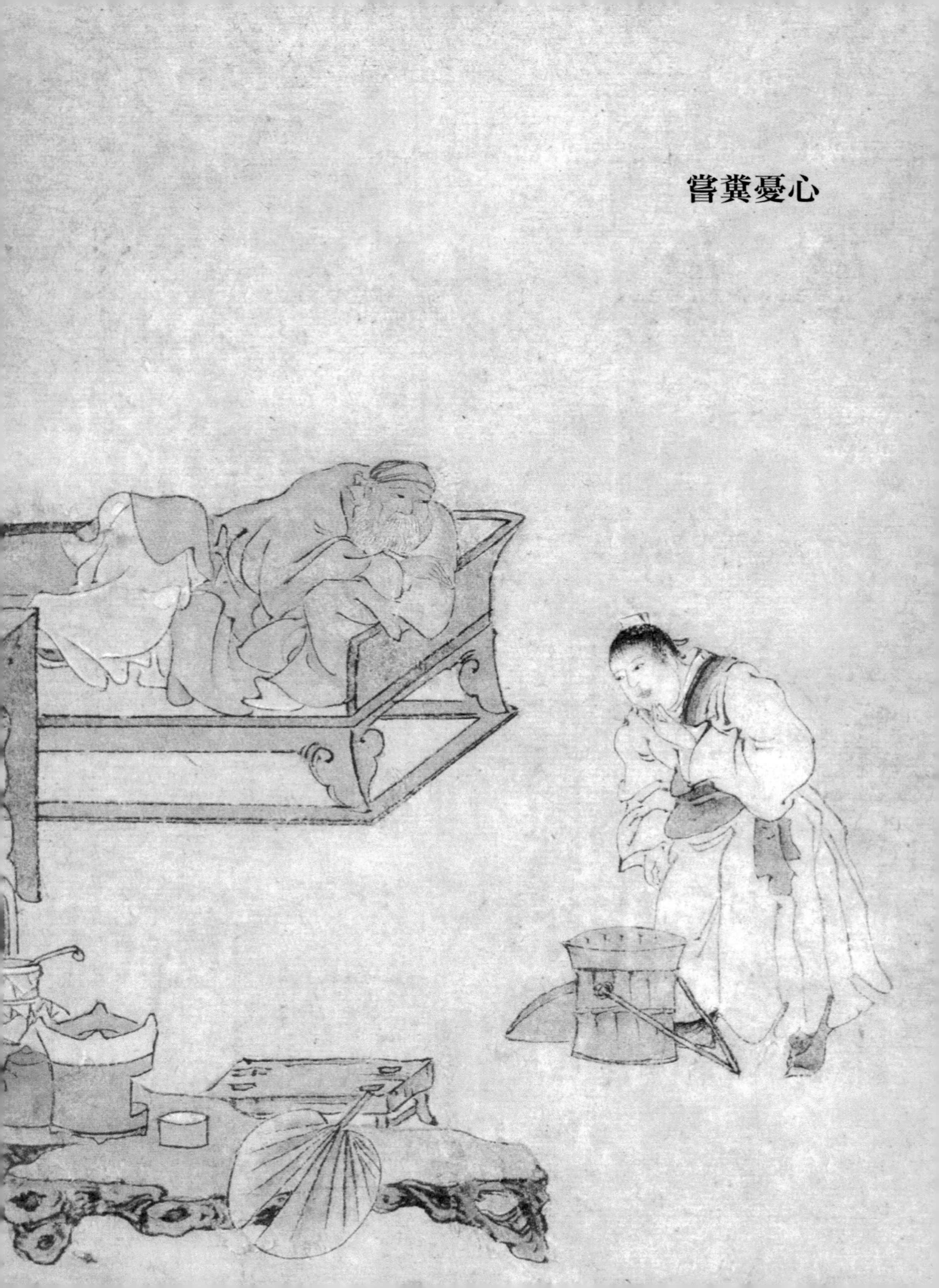
嘗糞憂心

隋唐時期開科取士對門閥制度的影響

隋唐時期實行開科取士，任官取士不完全講究出身，門閥制度逐漸衰退，世家大族失去了政治特權，卻產生了一批新的宗室親貴和功臣元勳，成為社會政治中新的豪門大族。但是魏晉以來的一些擁有高貴「郡望」的世家舊族，雖已「世代衰微，全無冠蓋」，但「猶恃其舊地，好自矜大」，不肯自掉身份，甚至把「郡望」看得比官位還重，認為：「立身在世，姓望為先，若不知之，豈為人子。」民間也「慕其祖宗，競結婚媾，不計官品，而上（尚）閥閱」。對這種只重「郡望」，不重功業，崇尚門閥，鄙視權要的遺風舊俗，李唐王朝的新興權貴十分不滿，於是在貞觀十二年（西元六三八年），敕令吏部尚書高士廉等撰修新的《氏族志》，予以修正。

《氏族志》修成後，共收錄二百九十三姓，六百五十一家，仍沿用魏晉南北朝舊例，以山東博陵崔氏為第一，皇族隴西李氏為第二。唐太宗對此十分不滿，斥責高士廉等人因循守舊，無視天下大局的現實，不重視李唐王朝封爵等級，讓他進行修改，標準是「只取今日官爵高下作等級」。並解釋說：「我對於崔、盧、王、鄭這些世家大族，沒有什麼個人恩怨仇嫌，但他們家世衰微，沒有什麼功名，仍然恃其往日的門第，在談婚論嫁時以高門望族自居，談婚論嫁時索取重金，不知道什麼是尊貴二字。隨從我平定天下的謀士功臣，功高位尊怎麼能向這些舊家世族低聲下氣，高價求婚呢？」並親自干預，將皇室李姓定為第一、外戚王氏定為第二，崔姓降為第三。這就是歷史上所說的「貞觀條陳氏族事件」。武則天執政時，纂修《姓氏錄》，改武姓為第一。武則天死後，仍以李姓為第一。由此可見，在隋唐之際，重視姓氏等級、郡望門閥的風氣十分盛行。

唐代好郡望導致籍貫疏忽的混亂

在唐代，隴西李氏、趙郡李氏、清河崔氏、博陵崔氏、范陽盧氏、滎陽鄭氏和太原王氏，並稱「五姓七族」，門第最為清高。子女婚嫁首重門第，即使身為宰相的李義府也因不屬「五姓七族」中之望族，在為其子向山東崔氏求婚時，也遭到拒絕。清代學者王士禎《池北偶談》云：「唐人好稱族望，如王則太原，鄭則滎陽，李則隴西、贊皇，杜則京兆，梁則安定，張則河東、清河，崔則博陵之類，雖傳志之文亦然。」這裡說到一個重要問題，就是由於唐代士人好標郡望，以致官員修史亦不詳細考辨人物之家鄉籍貫，而姑且題署郡望了事。世風所及，竟成為所謂修史之「原則」，造成了歷史人物籍貫的極大混亂。唐代著名學者劉知幾對此頗為不滿，他曾參與纂修國史，在寫李義琰傳的時候，因為義琰家住魏州昌樂，已有三代之久，所以如實寫道：「義琰，魏州昌樂人也。」結果監修官指責他違背了寫史原則，要他照李氏郡望改為「隴西成紀人」（事見《史通・邑里》）。

到了唐代中葉安史之亂後，特別是唐末五代，由於戰亂的影響和巨大的社會政治變化，「故唐公卿之族」，「衰亡且盡」，許多「衣冠舊族」在戰亂中流離失所，背井離鄉，「爵命中絕」，「世系無考」。尤其是在黃巢大起義中，已出現了「滿街踏盡公卿骨」的慘狀，以郡望門第為榮的世俗觀念受到了一定的打擊。

宋代與明清以郡望標注姓氏的習慣

到宋代，雖然郡的行政區劃已經取消，但由於長期形成的姓氏、郡望標明出身門第貴賤和社會地位的傳統影響，以及區分姓氏地域分佈的實際需要，以郡望標注姓氏的習俗，仍然流行。由宋代儒生編撰的《百家姓》一書，仍沿襲魏晉以來至隋唐時期所形成的姓氏郡望，表明其歷史淵源和地理分佈。只是按照當時各姓氏在社會中的等級地位，重新進行了排列。所以《百家姓》的前八姓是：「趙錢孫李，周吳鄭王。」趙姓是國姓，當然位居榜首，錢為吳越王錢鏐之姓，其餘六姓為皇后外戚之姓。

宋代文人亦常以郡望自標，比如，劉放有兩種著作分別題為《彭城集》和《中山詩話》，這裡，彭城和中山均為劉氏郡望，並非其人籍貫，劉放之籍貫在臨川新喻（今江西新余）。姚鉉本是廬州人，卻自題郡望曰「吳興」。

明清時人也不乏標誌郡望之例。如明代鄭真本是浙江鄞縣人，其別集卻題為《滎陽外史集》，滎陽者，鄭氏郡望也。清代薛雪，蘇州人，卻自題郡望曰「河東」。流傳至今的明、清族譜、家乘中，也大多標以姓氏的郡望或堂號。

尋根認祖，郡望為憑

講究郡望門第的這種社會風氣，從秦漢肇始，延續到明清時期，從王侯之家普及到平民百姓，兩千多年來沿用不衰，除歷代官方的宣導推崇和以家族為中心的文化形態這兩大原因之外，更深層次的原因是中華民族的尋根情結。因為透過「郡望」的標示，既可以瞭解姓氏的分佈情況，也可借此追溯姓氏的發祥淵源、宗支派別的來龍去脈。如隴西李氏，系皋陶後裔，因子孫世襲理官之職，以官為氏稱理氏。商末紂王無道，理征直諫被殺，其妻契和氏攜子利貞逃難於伊侯之墟，食木子得全，遂改為李氏。其十七世孫李曇生四子崇、辯、昭、璣。李崇後裔世居隴西，或為鎮將、或為郡守，遂以隴西為郡望；李璣後裔則世居趙郡，遂成趙郡李氏。

及至李唐王朝建立，追尊西涼武昭王李暠為其遠祖，追諡為「興聖皇帝」，隴西李氏遂成天下第一望族，趙郡李氏也被列為「五姓七族」（博陵崔氏、清河崔氏、太原王氏、范陽盧氏、隴西李氏、趙郡李氏、滎陽鄭氏）之一，十分華貴。隴西李氏各宗支衍派，如敦煌李氏、姑臧李氏、平涼李氏、武陽李氏均被視為天潢貴胄，寵榮無比，而柳成李氏、略陽李氏、雞田李氏等則是由李唐王朝賜姓而來。因此隴西李氏和趙郡李氏被視為李氏正宗，是李氏的主流支派。標示「隴西李氏」、「趙郡李氏」不僅有光耀門庭之意，也蘊涵了區分源流、世系的歷史淵源的用意。

宋代與明清以郡望標注姓氏的習慣

到宋代，雖然郡的行政區劃已經取消，但由於長期形成的姓氏、郡望標明出身門第貴賤和社會地位的傳統影響，以及區分姓氏地域分佈的實際需要，以郡望標注姓氏的習俗，仍然流行。由宋代儒生編撰的《百家姓》一書，仍沿襲魏晉以來至隋唐時期所形成的姓氏郡望，表明其歷史淵源和地理分佈。只是按照當時各姓氏在社會中的等級地位，重新進行了排列。所以《百家姓》的前八姓是：「趙錢孫李，周吳鄭王。」趙姓是國姓，當然位居榜首，錢為吳越王錢鏐之姓，其餘六姓為皇后外戚之姓。

宋代文人亦常以郡望自標，比如，劉放有兩種著作分別題為《彭城集》和《中山詩話》，這裡，彭城和中山均為劉氏郡望，並非其人籍貫，劉放之籍貫在臨川新喻（今江西新余）。姚鉉本是廬州人，卻自題郡望曰「吳興」。

明清時人也不乏標誌郡望之例。如明代鄭真本是浙江鄞縣人，其別集卻題為《滎陽外史集》，滎陽者，鄭氏郡望也。清代薛雪，蘇州人，卻自題郡望曰「河東」。流傳至今的明、清族譜、家乘中，也大多標以姓氏的郡望或堂號。

尋根認祖，郡望為憑

講究郡望門第的這種社會風氣，從秦漢肇始，延續到明清時期，從王侯之家普及到平民百姓，兩千多年來沿用不衰，除歷代官方的宣導推崇和以家族為中心的文化形態這兩大原因之外，更深層次的原因是中華民族的尋根情結。因為透過「郡望」的標示，既可以瞭解姓氏的分佈情況，也可借此追溯姓氏的發祥淵源、宗支派別的來龍去脈。如隴西李氏，系皋陶後裔，因子孫世襲理官之職，以官為氏稱理氏。商末紂王無道，理征直諫被殺，其妻契和氏攜子利貞逃難於伊侯之墟，食木子得全，遂改為李氏。其十七世孫李曇生四子崇、辯、昭、璣。

李崇後裔世居隴西，或為鎮將、或為郡守，遂以隴西為郡望；李璣後裔則世居趙郡，遂成趙郡李氏。及至李唐王朝建立，追尊西涼武昭王李暠為其遠祖，追諡為「興聖皇帝」，隴西李氏遂成天下第一望族，趙郡李氏也被列為「五姓七族」（博陵崔氏、清河崔氏、太原王氏、范陽盧氏、隴西李氏、趙郡李氏、滎陽鄭氏）之一，十分華貴。隴西李氏各宗支衍派，如敦煌李氏、姑臧李氏、平涼李氏、武陽李氏均被視為天潢貴胄，寵榮無比，而柳成李氏、略陽李氏、雞田李氏等則是由李唐王朝賜姓而來。因此隴西李氏和趙郡李氏被視為李氏正宗，是李氏的主流支派。標示「隴西李氏」、「趙郡李氏」不僅有光耀門庭之意，也蘊涵了區分源流、世系的歷史淵源的用意。

王氏、柳氏的郡望與歷史淵源

再如王氏，也是中華大姓之一，姓源繁多，各有所自，郡望多達二十四望。只要一提「太原王氏」，便知是周靈王太子晉後裔；汲郡王氏，則是殷商王子比干後裔；元城王氏，則為帝舜後裔；京兆王氏，則是畢公高後裔；營州王氏，則系出高麗；馮翊王氏，則為羌族鉗耳氏支系……同一王氏，只要一標郡望，即可明瞭其歷史淵源。

又如「河東柳氏」，其先本魯國公子展氏之後。裔孫展禽食邑柳下，遂為柳氏。春秋時，楚滅魯國，遷柳氏於郢（楚都）；戰國時秦滅楚，遷柳氏於關中；漢時定居河東（今山西晉南），遂稱河東柳氏。再如「弘農楊氏」，本春秋時晉國公族羊舌氏之後，後遭滅族之禍，有裔孫逃居華山之陰，為華陰楊氏。西漢時華陰屬弘農郡，故稱「弘農楊氏」。又如「會稽賀氏」，其先是齊國公族，有大夫慶封，因齊國內亂被逐，遠徙吳國，又遷山陰，以慶為氏。東漢時因漢安帝之父名劉慶，避諱改為賀氏。

專講姓氏郡望的譜書出現

為了標示、區分各姓氏、家族的等級門第，不僅魏晉以來的族譜、家乘和姓氏書中都標有所屬郡望，隋唐時期開始出現了專講姓氏郡望的譜書，即「郡望譜」。根據臺灣譜牒學家廖慶六先生所著《族譜文獻學》（臺北南天書局二〇〇三年五月第一版）

所載，在敦煌發現的有關唐朝譜牒的八種手寫殘卷中，就有六種屬於「郡望譜」。遺憾的是，這六種「郡望譜」中，只有《貞觀氏族志》收藏於中國國內，其餘五種分別收藏於倫敦大英博物館和巴黎國民圖書館。在廖先生轉錄的《貞觀氏族志》中，就列舉了當時四十七個州、郡，一百九十一個姓氏的郡望所屬；在《天下郡望氏族譜》的一片殘卷中，有「定□其三百九十八姓」的記載。另一片殘卷中，則是按唐代十道所轄州、郡，列舉各姓氏郡望所在。由此可見，魏晉、隋唐以來，姓氏郡望在社會生活中佔有極其重要的位置，無論是官方，還是私族都極其重視。

綜上所述，可以看出，郡望不僅可表明某一姓氏的地理分佈、社會地位及宗支衍派的遷徙、繁衍等多層次的文化內涵，是解讀中華姓氏的鎖鑰，也是尋根問祖的重要憑藉。

炎黃子孫的尋根問祖

及至現在，炎黃子孫仍然十分重視自己姓氏的來歷和郡望所出，特別是寓居異國他鄉的華裔僑胞，大都把自己的姓氏、郡望、家譜視為命根子，常常以同姓、同郡望來聯宗認親。幾乎每一個家族都保留著傳統的姓氏郡望，以示不忘對故土先人的眷戀之情。家族每遇紅白之事或節慶之日，多在門前懸掛標有郡望的燈籠，以示世人。

尤其二十世紀七〇年代以來隨著全球尋根熱的興起，海外炎黃子孫紛紛歸國，旅遊觀光，尋根問祖。姓氏郡望成為他們追尋家世淵源、謁祖朝宗的重要依據。

各國的王氏尋根之旅

如散居國外的太原王氏，就是憑藉「太原」這一郡望的重要線索，實現了多年尋根問祖的心願。早在二十世紀八〇年代初，旅居東南亞的太原王氏後裔，就開始了尋根問祖活動。先是緬甸太原王氏宗親會致函中國太原市有關主管，查詢有關太原王氏開宗立派的相關資料，接著泰國王氏宗親總會派出一支由王錦源先生率領的「旅泰王氏觀光團」來華尋根問祖。他們按照譜系，先是從祖上漂洋出海的廣東揭陽、福建南靖等地入手，追源溯流，在福建龍溪縣（今漳州市）珩坑的王氏家廟裡，見到了祖傳的「三槐堂」金字燈籠。於是溯源而上，在南京「三槐堂」裡又見到了「太原郡」的題銘。泰國王氏祖根是南京，還是太原，成了一時難解的謎團。於是他們致函中國國務院僑辦，要求幫助查尋泰國王氏祖根，以便歸國謁祖朝宗。

山西省僑辦和太原市政府接到國務院僑辦通知後十分重視，於一九八六年十月成立了「太原王氏研究會」，這是中國內地第一個王姓研究的民間學術團體。並在此基礎上，一九八七年二月組成了「太原王氏考察組」南下考察，從「太原郡、三槐堂」的郡望、堂號入手，由太原而開封，由開封而南京，由南京而福州，由福州而泉州、漳州、晉江、南靖，找到了珩坑王氏的淵源所自，理清了由太原王氏—三槐王氏—太倉王氏—沙塘王氏—珩坑王氏—揭陽王氏—泰國王氏的傳承脈絡。

與此同時，在太原王氏的祖地——太原市風景名勝區晉祠，選擇了王子喬後裔王瓊的晉溪書院，辟建了子喬祠，作為太原王氏朝宗謁祖的殿堂。一九九三年六月六日，「太原王氏世界懇親聯誼會暨子喬祠落成典禮」在太原舉行，來自泰國、緬甸、新加坡、馬來西亞、菲律賓、印尼及中國香港、臺灣等國家和地區的二十多個王氏宗親社團出席了大會，實現了他們謁祖朝宗的夙願。

一九九四年十一月二十六—二十八日，第二屆世界王氏懇親聯誼大會由泰國王氏宗親會主辦，在泰國首都曼谷召開；一九九六年九月二十三—二十五日，第三屆世界王氏懇親聯誼會由新加坡太原王氏宗親會舉辦，在獅城新加坡召開；一九九七年十月二十四—二十六日，第四屆世界王氏懇親聯誼大會由菲律賓太原王氏宗親總會主辦，在菲律賓首都馬尼拉舉行；一九九八年九月二十五日，第五屆世界王氏懇親聯誼大會由海外太原王氏聯誼會後援會主辦，再次在太原王氏祖地——山西省會太原舉行。

此後，太原王氏懇親聯誼會由世界各國的王氏宗親會輪流舉辦，成為世界性的王姓華裔僑胞的聯誼活動。由「太原郡」三字引發的尋根活動就成為凝聚海內外炎黃子孫、增強中華民族凝聚力和向心力的橋樑和紐帶，有力地推動了山西太原的對外經濟、文化交流，成為改革開放中一道亮麗的風景，體現了姓氏郡望這一傳統文化的生命力和現實意義。

姓氏堂號光門楣，嘉言懿行垂青史

「堂號」本意是廳堂、居室的名稱。因古代同姓族人多聚族而居，往往數世同堂，或同一姓氏的支派、分房集中居住於某一處或相近數處庭堂、宅院之中，堂號就成為某一同姓族人的共同徽號。同姓族人為祭祀供奉共同的祖先，常在其宗祠、家廟的匾額上題寫堂號，因而堂號也含有祠堂名號之義，是表明一個家族源流世系，區分族屬、支派的標記，是家族文化中用以弘揚祖德、敦宗睦族的符號標誌，是尋根意識與祖先崇拜的體現。

堂號不僅書寫於宅院廳堂、宗祠祖廟、族譜封面，而且也題寫於店鋪、字型大小、書齋別墅、文集書畫及日常生活用具（如車輿、燈籠、錢袋、家什）上面，用以區別姓氏族別，作為本族標記，具有深厚的文化內涵和實際意義。

堂號，有廣義和狹義之分。廣義的堂號與姓氏的地望相關，或以其姓氏的發祥祖地，或以其聲名顯赫的郡望所在，作為堂號，亦稱「郡號」或總堂號。同一姓氏的發祥祖地和郡望不同，會有若干個郡號。如李姓郡（望）號有隴西、趙郡、頓丘、渤海、中山、江夏、范陽、漢中、代北、雞田、柳城等三十餘個；王姓有太原、琅琊、京兆、元城、汲郡等三十八個；張姓有清河、范陽、太原、京兆、南陽、中山、安定、河內等四十餘個。

堂號的命名分類

狹義的堂號，也稱自立堂號，在同一姓氏之間，除了廣義的郡號之外，往往以先世之德望、功業、科第、文字或祥瑞典故自立堂號，其形式多樣，五花八門，不勝枚舉。若按每姓一個堂號來計算，全中國至少有數千至一萬個堂號，是姓氏文化中有待開發、整理、研究的資料寶庫。現依據各姓氏堂號的來歷、特色分為幾大類型。

堂號命名分類表

1	以血緣關係命名堂號。
2	以地域作為命名的堂號。
3	以先世的嘉言懿行為堂號。
4	以祖上的功業勳績為堂號。
5	以傳統倫理規範為堂號。
6	以祖上情操雅量、高風亮節為堂號。
7	以祥瑞吉兆作為堂號。
8	以先世名人的廳堂別墅為堂號。
9	以家族中科舉功名為堂號。
10	以垂戒訓勉後人的格言禮教為堂號。
11	以良好祝願作為命名的堂號。
12	以封爵、諡號或旌表褒獎為堂號。

以血緣關係命名堂號：中華姓氏文化，首先表現出來的就是對血緣關係的高度重視，不僅同一姓氏使用相同的（一個或若干個）堂號，而且同一血緣關係的不同姓氏，也

會使用同一堂號。如著名的「六桂堂」，是閩粵一帶洪、江、汪、龔、翁、方六個姓氏共用的一個堂號。根據文獻記載，這六個南方家族，雖然姓氏不同，卻是一個先祖所出的同一家族，追本溯源都是翁姓的後裔。

以地域命名堂號：地域觀念命名的堂號最為普遍，往往和各姓氏的郡望相關，也就是以郡號或地名作為堂號。如前述之隴西李、趙郡李、中山劉、太原王、琅玡王、京兆王、清河張、安定張、河內張等皆是其例。再如諸葛氏，系出葛伯，望於琅玡，發祥地是山東諸城，後世遍佈全國各地的諸葛氏，絕大多數都世代沿用「琅玡」的堂名。此外，海氏的「薛郡堂」、陳氏的「潁川堂」、徐氏的「東海堂」、歐陽氏的「渤海堂」以及呼延氏的「太原堂」、林氏的「西河堂」等，都是以地望為堂號。

以先世的嘉言懿行為堂號：中華民族向來有慎終追遠的美德，以先世祖宗的嘉言懿行深感自豪，往往以此命名堂號，千古流芳。如弘農楊氏「四知堂」、「清白堂」即是以東漢太尉楊震的美德作為堂號。根據文獻記載，楊震為東萊太守時，道經昌邑，縣令王密深夜求見，以黃金十斤饋贈楊震。楊震嚴詞拒絕說：「作為故人知交，我對您是瞭解的，而您怎麼對我的人品不瞭解呢？」王密說：「我深夜而來，無人知道這件事情。」楊震回答說：「此事天知、神知、你知、我知，怎能說是無人知曉？」王密只好羞愧而退。楊氏後代子孫為尊崇和懷念這位拒腐蝕、不受賄的先祖楊震，便以「四知堂」、「清白堂」為堂號。

范氏「麥舟堂」則是來自北宋名臣范仲淹濟危扶困的典故。有一次范仲淹遣子純仁，至姑蘇運麥，舟至丹陽，遇石曼卿無資葬親，純仁即以麥舟相贈。純仁回家後告知其父，深得范仲淹嘉許。故後世以此為典，以「麥舟堂」為堂號。

以祖上的功業勳績為堂號：在中華民族五千年歷史長河中，各個姓氏在不同歷史時期，都湧現出一批功勳卓著、名垂青史的歷史人物，後人往往以此作為堂號。如東漢名將馬援，戰功卓著，聞名遐邇，後因功封「伏波將軍」，馬氏後人中有一支便以「伏波堂」為堂號。楚大夫屈原曾任三閭大夫，屈氏遂以「三閭堂」為堂號。

再如唐代郭子儀，因平安史之亂，屢立戰功，出將入相二十餘年，是維繫李唐王室的功勳大臣，被封為「汾陽王」。其後子孫繁衍，遍佈各地，多以「汾陽堂」為堂號。至今海內外郭氏子孫，也多以「汾陽郭氏」為榮。

以傳統倫理規範為堂號：在封建宗法社會，各個家族常以傳統的倫理道德規範為堂號，以勸誡訓勉後代子孫。如李氏「敦倫堂」、張氏「百忍堂」、朱氏「格言堂」、任氏「五知堂」、劉氏「重德堂」、鄭氏「務本堂」、周氏「忠信堂」、蔡氏「克慎堂」、許氏「居廉堂」等，都體現了傳統的倫理道德觀念，在各氏自立堂號中十分普遍。

唐代鄆州壽張人張公藝，九世同居，麟德年間唐高宗祭祀泰山，路過鄆州，至其家，問何以能九世同居，安然相處。張公藝於紙上連寫百餘「忍」字，道出其中訣竅全在於百事忍讓，故名之為「百忍堂」。

以祖上情操雅量、高風亮節為堂號：在封建社會中，有一批文人學士，才華橫溢，品格清高，深為世人所推崇，其後代族人也引以為榮。

如宋代著名理學家周敦頤，品格高雅，酷愛蓮花出淤泥而不染的清高品格，以所居之處為「愛蓮堂」，其後世遂以此為堂號。晉代陶淵明因不肯為五斗米折腰，遂辭官歸里，賦《歸去來辭》以明其志。因陶淵明號五柳先生，其後人以「五柳堂」為堂號。再如唐代大詩人李白，自號「青蓮居士」，李氏族人中遂有「青蓮堂」堂號。

以祥瑞吉兆為堂號：古代人對祥符瑞兆十分重視，常認為是上天預示吉祥的徵兆，往往以之為本族堂號。如宋代王祜曾手植三槐於庭院，言其子孫必有位居三公者（古代百官朝會，三公對槐樹而立，故以三槐象徵三公），其子王旦果然位列宰相，當政十餘年，深為朝廷器重。其後人便以「三槐堂」為堂號，成為中國王姓中名人輩出的名門望族，與太原王氏、琅琊王氏並列為王氏三大支派。

以先世名人的廳堂別墅為堂號：為了表示對同姓先世名人的仰慕之情，各姓後人以其廳堂、居處為堂號。唐代大詩人白居易，晚年隱居洛陽香山，號香山居士，其後人便以「香山堂」為堂號。

再如唐代宰相裴度，以宦官當權，時事已不可為，乃自請罷相，在洛陽午橋創建別墅，起造涼亭暑館，植花木萬株，綠蔭如蓋，名為「綠野堂」。裴氏一支遂有「綠野堂」之堂號。

以家族中科舉功名為堂號：在封建社會，一些名門望族人才輩出，科第連綿，為世人稱羨，遂以之為堂號。如唐代泉州人林披，有子九人，俱官居刺史（俗稱州牧），門庭顯赫，世人敬仰，這支林氏遂以「九牧堂」為其堂號。再如宋代臨湘人徐偉事母至孝，隱居於龍潭山中，有子八人，後皆知名，時稱「徐氏八龍」，後人即以「八龍堂」為其堂號。

以垂戒訓勉後人的格言禮教為堂號：此類堂號在各姓氏自立堂號中較為普遍。如「承志堂」、「務本堂」、「孝思堂」、「孝義堂」、「世耕堂」、「篤信堂」、「敦倫堂」、「克勤堂」等。

以良好祝願為堂號：此類堂號也較為常見。如「安樂堂」、「安慶堂」、「紹先堂」、「垂裕堂」、「啟後堂」等。

以封爵、謚號或旌表褒獎為堂號：此類堂號由歷代朝廷或地方政府封賞、恩賜、旌表而來。如「忠武堂」、「忠敏堂」、「節孝堂」、「孝義堂」等。

堂號對家族與社會的意義

堂號作為家族的徽號和別稱，不僅有明顯的地域特徵和血緣內涵，而且帶有濃厚的封建宗法色彩和文化特徵，既是對某一姓氏家族特色的高度概況，也是當時社會形態的反映，同樣具有區分宗支族別、血緣親疏的社會功能。它的產生、發展，多與修族譜、建宗祠、祭祀祖先、宗親聯誼活動同時進行。

伍

凝聚血親的紐帶，朝宗謁祖的聖殿

宗祠、族譜、族規、家訓

姓氏是人類社會區分群體、族別的標誌，族譜是載錄宗族繁衍、世系傳承的歷史，宗祠則是凝聚血親、朝宗謁祖的聖殿。如果說姓氏學是研究整個中國的姓氏，譜牒學則是研究一家一姓的歷史，而宗祠祖廟則是體現某一姓氏文化內涵和宗法禮儀的殿堂。在中國古代宗法社會裡，建宗祠、修族譜是族人的兩件大事，都具有慎

終追遠、報本思源、敦宗睦族、凝聚血親、光前裕後、規範倫理的教化功能。因此，探討、考察宗祠、族譜的文化內涵及其發展、演變的歷史，就成為姓氏研究的一個基本內容。

載錄譜系的典籍，傳承文明的紐帶

族譜，也叫家譜、宗譜、家乘、世譜，是記載家族或宗族的家世淵源、傳承世系、支派繁衍，及宗族事蹟、名賢俊傑的典章文獻。簡而言之，家譜（族譜）就是血脈的譜系，是某個姓氏的家史或族史。它和姓氏、郡望、堂號、宗祠等姓氏文化的其他內容一樣，既是構成宗法制度的基本要素，又是考辨姓氏源流、敬宗收族的重要憑藉。

載錄譜系，傳承文明

族譜、家乘，作為載錄家族（宗族）源流世系及其發展興衰的史籍，由來已久。早在三千多年以前，中國出現第一個奴隸制王朝——夏朝時就已經出現。根據《禮記．禮運篇》記載，自大禹家傳天下之後，「各親其親，各子其子」，王位世襲，子孫相繼，就有了專門記載帝王世系的譜牒。《史記．夏本紀》即據此記述了夏王朝的世系：自禹至桀共傳十四世，十七個帝王，說明夏代已有了帝王譜系，即最早的家譜。

至於商代的家譜，則有考古發現的「甲骨家譜」可資證明。根據有關學者研究釋讀，共有三件甲骨片可以確認是最古老的家譜：一件見之於容庚等編的《殷契卜辭》中，序號為 209；一件收錄於《庫方二氏藏甲骨卜辭》中，序號為 1506；一件見於董作賓的《殷墟文字乙編》，編號為4856。其中第二件「庫1506」所載是極為完整的、典型的商代家族世系，共記錄了兒氏家族十三個人名，其中父子關係十一人、兄弟關係二人。根據專家斷定是商代第十世二十三任國王武丁時代所刻，距今約三千二百年。

周朝青銅家譜的出現

在現存的商代青銅器中，也有幾件是專記商人家族世系的家譜。如現存於中國遼寧省博物館的「六祖戈」、「六父戈」、「六兄戈」，記載了同一家族六到八代的譜系，譜學界稱之為「青銅家譜」。

「青銅家譜」在存世的周代青銅器中也有發現。如一九七六年在中國陝西扶風縣莊白村出土的微氏家族的《牆盤》和《鐘》，不但準確無誤地列舉了周初文王、武王、成王、康王、昭王、穆王六代王系，而且記述了微氏家族的七代世系，是中國迄今發現的記錄家族世系最多的青銅家譜。

由於周初建立了一套嚴格的封建宗法制度，為了「奠世系，辨昭穆」，確認血緣關係的親疏遠近，周王朝設立了掌管王族譜牒的「小史」。「奠世系」就是確定譜系、世系，「辨昭穆」就是按輩分大小、長幼次序，以及血緣遠近而決定在宗祠、祖廟中的排列地位。對於諸侯、卿大夫的譜系，周王朝中設有史官記錄管理，稱為太史。各諸侯國也設有專職記錄、管理譜系的官員、機構，如魯國稱之為「二史」，楚國稱之為「三閭」。屈原即曾任「三閭大夫」，負責掌管楚國王族昭、屈、景三姓的譜系。一旦發生繼承問題，便據此來決斷，確定繼承人選和次序，以確保封建宗法制度的實施。可見譜牒、世系在當時社會政治生活中所占的重要位置。

周朝文字家譜的追溯

現存最早的文字家譜，是由後人輯錄的《世本》十五篇。該書約成書於戰國末期，記錄了從三皇五帝到春秋戰國時期歷代帝王、諸侯、卿大夫的姓氏淵源、世系源流、遷居本末、生前創制、死後名號等事蹟，集各家各代的分散世系於一書，是中國譜牒學的開山之作。後世的譜學家、史學家追述古代歷史和各姓淵源時，多以此為歷史依據。太史公司馬遷編撰《史記》時，即曾參閱、引證了《世本》的大量文獻資料。

流傳至今的另一部周代譜學著作是《大戴禮記·帝系篇》。該書系統地記載了黃帝以來至周代帝王的血緣譜系，從中可以看出，黃帝之後一脈相承的顓頊高陽氏、帝嚳高辛氏、唐堯、虞舜、夏禹，都是黃帝子孫後裔。所謂「禪讓」之說，實質上是父子、兄弟、叔侄之間權力的轉讓、交替，夏、商、周三代，仍是黃帝後裔之間權力、地位的更替。另外，相傳在春秋時期荀子曾編有《春秋公子血脈譜》，此書今散佚不存，但從其「血脈譜」三字，可知是載錄血緣傳承的家乘譜牒。

秦、漢時期私人纂修的家譜與碑刻紀錄

秦、漢時期，家譜編纂有了進一步發展，秦代曾設有「宗正」官管理皇族事務和皇家譜牒，因時代較短，未見秦代家譜的記錄。

漢承秦制，仍由「宗正」掌管皇親貴族的譜系，同時設有諸王世譜，收錄同姓諸侯王的世系譜籍，異姓王侯也有專門的「侯籍」，載錄其家族世系，如《漢書》、《後漢書》的《帝王諸侯世譜》即是其例。與此同時，私人纂修的家譜也開始出現，較著名的有《揚雄家牒》、《鄧氏官譜》等。此外，還有一些碑刻實物，也載錄了家族世系。如東漢《孫叔敖碑》，記述了春秋時楚相孫叔敖十餘世孫和東漢渤海太守孫武以下的家族世系；《三老趙寬碑》，完整地記錄了西漢名將趙充國到趙寬數百年間家世淵源。

魏晉南北朝到隋唐的譜學形成

魏晉南北朝時，由於門閥制度的盛行和「九品中正制」的實施，選拔官吏，婚姻嫁娶，都十分注重門第，都要以家譜為憑，無論是政府官方還是世家大族，都十分重視家譜的編纂。官方設有譜局，委任專人掌管譜牒的纂修，各級地方政府均設「譜庫」收藏家譜，以備查驗。風氣所及，譜學大盛，形成了中國歷史上第一次纂修家譜的高潮，也湧現了一批修譜名人和修譜世家。如東晉賈弼一門七代從事譜學，被稱為「賈學」。另一個譜學世家王弘、王僧孺、王逡之則被稱為「王學」。官私纂修的家

譜也大量出現。根據鄭樵《通志・藝文略》所記載，從魏晉到隋唐，官私所修譜書達一百五十五種，二千三百六十五卷，其中賈弼的《百家譜》共有一百冊，七百一十二卷，包括十八州一百一十六郡大族，被當作東晉和南朝各代選官任職的重要依據。南朝梁武帝時又命王僧孺、王逡之修訂、編纂《百家譜集抄》、《百家姓拾遺》。從此之後，譜學成為一種專門學問，被歸為史學的一個門類。阮孝緒的《七錄》將之列為第十一類，稱為譜狀，著錄譜牒四十二種，一千餘卷，成為著錄譜牒的首創。

從隋唐到宋代，譜學的式衰與體系演變

由於當時譜牒著述，主要是載錄帝王權貴和世家大族的譜系，因而一直到隋唐之際，雖然廢除了「九品中正制」，改為科舉取士，但譜牒的纂修大都由官方譜局派員編纂。如唐代貞觀年間的《士族志》，高宗、武后時的《姓氏錄》以及其後的《元和姓纂》、《皇室永泰譜》、《皇唐玉牒》，均由官方譜局纂修而成。唐代私家修譜之風也很盛行，較著名的有柳沖的《大唐姓氏錄》、路敬亭的《衣冠譜》、韋述的《開元譜》、柳芳的《永泰譜》等。日本多賀秋五郎在其《家譜之研究》一書中，依據相關文獻統計，魏晉隋唐時期，譜牒類著述總數達二百七十七部，重複者不計，但未標明其卷數。及至唐末黃巢起義，連年戰亂，大批的豪門權貴、世家大族被掃蕩殆盡，經五代十國長期戰亂，舊的家族勢力遭到毀滅性打擊，「士族亡其家譜」，「失其世次」，譜學由是衰微。

入宋以後，隨著程朱理學的流行，「敦宗睦族，尊祖敬宗」的倫理觀念成為社會的主流，私家修譜之風日漸盛行，並形成一整套體例完備、格式規範、內涵豐富的譜學體系。其中影響最大，為後人所推崇的是歐陽修、蘇東坡分別創立的「歐、蘇譜例」。歐、蘇譜例都是「五世則遷」的小宗譜法，每圖只譜五世，五世以後，格盡另起。歐式譜例是：「譜圖之法，斷自可見之世，即為高祖，下至五世玄孫，而別自為世。」蘇式譜例是：「凡嫡子而後得為譜，為譜者皆存其高祖，而遷其高祖之父。」比起動輒追溯數十世、旁及各疏支的大宗譜法來，具有詳盡略遠、親疏各別的優點。在形式上重在圖表之創新，歐譜是左右橫列表格式，每圖五格，格盡另起；蘇譜是上下直行的吊線圖，每圖五世。

在內容上，歐、蘇譜例，由譜序、譜例、世系圖（世系表）、世系錄、先世考等五項內容構成，記述原則是只書男與嫡妻，不書生女，不書繼娶，不書妾，體現了濃厚的封建宗法觀念。

元、明的譜學發展與突破

元、明兩代家譜體例沿著歐、蘇譜例發展，記事範圍進一步擴大，增加了譜論、像贊、族規、家訓、恩蔭錄、五服圖、字輩排行、人物傳記、文約契據、藝文著述等多項內容，成為名副其實的家族歷史。有些族譜開始記載女兒的名字，特別是女婿是有功名的名門望族，其名字載入岳父家族譜也可增光添彩。繼室、側室也可入譜，尤其部分小妾也因生有兒子，「母以子貴」，特許入譜。入繼子嗣和入贅女婿，也有的允許入譜，但要記、注分明，加以區別。如同姓入繼，仍用紅線聯結世系，異姓人入繼則用黑線。有的宗譜仍堅持不許「異姓亂宗」，不予記載，或在宗譜之末附加一卷，專載螟蛉之子及其後裔。

元、明之際譜學的發展，不僅突破了歐、蘇譜例，而且出現了房譜（支譜）、族譜、統譜及異姓聯譜等多種形形色色的譜牒。其中房譜為族譜之支譜，專記某房某支譜系。統譜（通譜）為統宗世譜，把分佈於各地的同姓各宗支匯總、統貫於一譜，幾乎是某一姓氏的歷史淵源、遷徙分佈及繁衍變遷的歷史總匯。如明代張憲、張陽輝主修的《張氏統宗世譜》，從黃帝時賜姓記起，直到明嘉靖年間，時期跨度達數千年之久，包括了全國十五個省份，一千四百七十多個州、縣，張姓一百一十七個支派。

明代中葉以來，這種同姓聯修的統宗大譜日漸盛行。究其原因是程朱理學的盛行，「三綱五常」成為修譜的宗旨，並將正史體例列入族譜。族權的正式確立和族譜功能的強化，導致了對家族世系、宗支流派的延伸追述和橫向聯絡，致使「會千萬人於一家，統千百世於一人」的統宗大譜日漸流行。如上述《張氏統宗世譜》、河南洛陽的《汪氏統宗正脈》、安徽歙縣的《新安黃氏會通譜》即是其例。

孔譜的的纂修

其中以孔子家譜的纂修最為典型。在宋代以前，孔譜只收錄直系的長子、長孫的譜系。北宋時，山東曲阜孔氏始合修族譜，支、庶兼收。及至元武宗大德十一年（西元一三〇七年），敕封孔子為「大成至聖文宣王」，孔子身價倍增，全國孔姓之人都深感榮耀，孔譜一修再修，旁支近族，疏屬遠裔，逐漸收入到孔譜之中。根據錢大昕《補元史藝文志》考證，在元史著錄的三十二部譜牒中就有八部是孔子的家世譜系。明代以來，孔譜仍是續修不輟，並規定六十年一大修，刊印譜籍，三十年一小修，僅做登錄。到清代咸豐年間，入譜的孔姓人丁已達四萬之多。《孔子世家譜》的最後一次大修是一九三〇—一九三七年，歷時七年方告完成，由孔子七十七代裔孫孔德成總主其事。譜本共分四集一百零八卷，加卷首共一百零九卷，分裝成一百五十四冊，九千九百多頁。除了傳統的二十支、六十戶全部收入外，歷代外遷各支也盡可能收入。分支族譜達一千八百一十三部，堪稱是當時民間最長的譜書。

異性連譜的譜學突破

明代譜牒，在同姓聯宗、合修通譜（統譜）的同時，還出現一種異姓聯宗、聯譜的現象，即自認為是出於同一遠祖、而後分成不同姓氏、具有血緣關係的若干家族聯修合纂宗譜。這種異姓聯譜是譜學史上的一大突破，不僅打破了地域界限，而且打破了姓氏界限，將起源於同一祖先的不同姓氏宗族編撰成一部大譜。如宋代福州人翁乾度生有六子，各得一姓，分別是：洪姓、江姓、汪姓、翁姓、龔姓、方姓，兄弟六人同列進士，皆為顯貴。其後六姓異姓聯譜，號為「六桂堂」。再如，張、廖、簡三姓，董、楊二姓及柯、蔡二姓等，皆因先世出自同一始祖，故有異姓聯宗、聯譜之舉。尤為特殊的是明代淩迪知撰修《古今萬姓統譜》認為：五帝三王，無非出自黃帝之後，黃帝二十五子，而得姓者十四，十四姓又支分派別，衍生出千家萬姓，若追根溯源，同為黃帝後裔，同是黃帝一人所分，因此應聯天下萬姓為一家，故此名之為「古今萬姓統譜」。

清、民以後的譜學發展

譜學發展到清代以後，在數量和品質方面都達到了一個新的高度。根據廖慶六先生的《族譜文獻學》統計，在已知現存的族譜中，清朝譜本占百分之五十三點九二，民國譜占百分之四十，明譜占百分之四，宋譜、元譜占百分之零點一。而清譜在體例、內容與裝幀方面更是嚴謹、充實、美觀，而且還出現了紀曉嵐、章學誠、張澍、朱次琦四大譜學名家。但由於清代學者多崇尚考據之學，對族譜予以排斥和藐視，對譜學成就未予關注。在《四庫全書》中，對譜牒學一類未予收錄，實是一件憾事。

民國以來，雖然辛亥革命推翻了數千年的封建統治，但民眾的修譜熱情並未減退，族譜數量增加之速度，比歷代更為驚人，目前存世的族譜中，百分之四十為民國族譜。近代中國成立後，修譜之風一段時期趨於沉寂，大量族譜遭到毀棄。進入二十世紀八〇年代，隨著全球尋根熱的興起，修譜續譜之風悄然復甦，作為中國傳統文化的一個重要組成部分，日益受到各方面的關注。

家譜的纂修

由於家譜具有維繫血親、載錄家史、規範倫理等特殊的社會功能，各個宗族對於家譜的纂修極為重視，每隔三、四十年都要重修、續修一次。

家譜的纂修是宗族的大事，不僅要有嚴密的組織機構，嚴格的工作程式，也要有一定的人力、財力為基礎。

首先，要組建以族長為首的家譜編委會（俗稱開設譜局），由主修（一般由族長擔任）、倡修、編修、監修、協修、校閱等組成，編委會人數多少主要看宗族大小、門派多少而定。

其次，籌措修譜經費。一般由族田、祭田和其他族產的收入來支出，以及族中有錢人的捐助。此外每個入譜的男丁都須交納一份譜銀。

再次，將擬定的譜例，分發各個房支，要求族眾主動提供相關資料，尤其是族眾散居於眾多州縣的大族，各房支都要責成專人限期登錄、收集相關資料。

最後，譜書修成後，要舉行隆重的祭譜、拜譜儀式，族眾齊集祠堂、祭告祖先。先將譜本一套存放祠堂，然後由族長按房、支發譜，每房（支）一套，並編列序號，登錄在案。每年元旦、清明或春、秋兩季祭祖時，要求藏譜之家攜帶譜本，入祠堂查驗，謂之「會譜」。如保存不善或有遺失篡改，會受到嚴厲懲罰。

在門第等級觀念盛行的宗法社會中，族譜是血緣傳承世系的重要憑藉，也是家族或家庭檔案。一些原來貧賤之家的宗族在有成就後，往往要攀附名門，冒認祖先，以彰顯其高貴血統、祖宗的蔭德。因此名門望族都強調秘藏族譜，嚴禁示人，以免同姓異宗攀附冒認。即使是庶民百姓，也將族譜視為家族的根本所在，是祖傳的聖物，絕不可輕易損毀丟失，因而注意保存和收藏，除非有朝宗祭祖、婚喪大事，絕不輕易出示。故而有「黃金猶可借，家譜不可借」的古訓，使家譜成為秘不示人的傳家之寶。

國之瑰寶，有待開發

家庭是社會的基本組成，宗族為血緣傳承的載體。五千年的華夏文明，就是不同血緣姓氏的宗族在各個歷史時期繁衍生息、播遷交融、興衰更替的總匯。舉凡改朝換代的軍國大事、外交內政的種種措施，往往可在族譜、家乘中尋覓到蛛絲馬跡。從某種意義上講，族譜、家乘是剖析社會的微觀視窗，是解讀重大歷史事件的佐證。

家譜的歷史見證

如《黑龍江瑷琿郭氏家傳》（民國，郭德權纂），在追述其家世遷徙的歷史時，就印證了中俄外交史上的一段重要史實。撰修者郭德權在家傳簡介中稱：「瑷琿郭族，初為汾陽王郭子儀之後裔。其一支遠年遷至山東省登州府蓬萊縣（今煙臺市蓬萊區）。康熙初年，權之高祖由蓬萊渡海入東北，先卜居於吉林省甯古塔（今甯安市），因習造船，乃赴船廠水師營，任造船工程師。康熙二十四年（西元一六八五年），隨清軍沿松花江、黑龍江而上，戰勝俄軍，毀雅克薩城，乃定居於黑龍江省瑷琿縣。」「咸豐八年（西元一八五八年），中俄瑷琿條約在此簽訂。」

這部來自黑水之畔的郭氏家譜，不僅為我們提供了清初移民關外的實例，而且見證了清初康熙王朝國力強盛，抵禦沙俄，大獲全勝，拆毀沙俄非法所建雅克薩城，並在此基礎上簽訂《尼布楚條約》的史實；到清末國勢日衰，被迫割地求和，簽訂喪權辱國的《瑷琿條約》。將二百多年來清王朝由盛到衰的歷史濃縮到一部家譜之中，使我們能進一步領悟到家史與國史、族譜與正史相互印證的歷史價值。

另一部由清代郭賡堂、郭中吉纂修的《津門郭氏族譜》亦以其家族歷史補充了地方史志的不足。該譜譜序稱：「津門（天津）郭氏本江南新城舊族，其始祖尚智公於明萬曆年間貿易至『小直沽』，遂家焉。彼時津門尚未建城立縣，猶以小直沽名之。郭氏居此，曆三百數十年，傳十二世，是為津門郭氏。」這就說明，在明代萬曆年間，天津尚未建城、立縣，為考證津門（天津）的歷史沿革提供了歷史依據。

還有一部《黑水郭氏世德錄》（郭興輯，民國十五年鉛印本），是一部碩果僅存的達斡爾族郭氏族譜。該譜在追述其先世淵源時說：「黑水郭氏，舊作郭博勒氏，本達呼爾（即達斡爾）之支族。系出大賀氏，契丹國族也，遠祖早年徙居黑龍江郭博勒屯，因以著姓。共和（辛亥革命，民國成立）以後，弛冠姓之禁，族人仿古人複姓從簡之例，以郭為氏，系黑水地望，所以別太原郭也。」

這段短短的文字記述，蘊涵著豐富的文化內涵，給我們以深刻的啟迪：第一，印證了姓氏學中「以地為氏」、「以地著望」這一常用的分類方法；第二，印證了中華姓源中「夷夏交融，百川匯海」的論斷，為郭氏姓源多元說提供了實證；第三，體現了中華民族大家庭多元化的文化特徵，提供了民族學研究中「胡姓漢化」、多字姓改為單字姓的實例；第四，反映了「共和之初，弛冠姓之禁」，宣導民族平等的歷史背景。

一部薄薄七十二頁的家譜，短短百餘字的譜序，就有如此豐厚的文化內涵，族譜、家乘的社會功能、史學價值、文化價值，由此可見一斑。在其他姓氏的族譜、家乘中，這種很有價值的文獻資料，也俯拾皆是。現舉兩部李氏族譜，更能說明問題。

兩部李氏家譜的中西文化交流與歷史謎團

其一是明代李廣齊纂修的《（福建泉州）李氏族譜》，載錄了一則中國航海史和中外文化交流上難得一見的珍貴史料。泉州李氏是唐代武陽懿公李大亮後裔，唐末隨王審知入閩，先居汀漳，再遷泉州，子孫多以經商為主，向海外發展。至元、明之際，其十二世孫李駑（字景文）已成為專事航海貿易，較早接受西方文化的泉州鉅賈。

根據《李氏族譜》所載，明洪武十七年（西元一三八四年），李駑「奉命發船西洋，遠航海外」。不料，這次遠航，李駑竟然娶了一個色目女子為妻，並「習其俗，終身不革」，「子孫繁衍，猶不去其異教」。被族人視為「夷狄異端」，開除「族籍」，不得姓李，並將其原委寫成《垂戒論》記入族譜。李駑被「除籍」後，只得改從母姓，為林氏，成為福建「清源林李宗支」的開派之祖，其後裔散居泉州等地，多以海外貿易為生。

李駑此次「奉命發船西洋」所奉之命出自何人，其性質是純粹的商業貿易，還是外事考察，史無明文可考。但有一點十分清楚，就是此次「奉命發船西洋」比著名的「鄭和下西洋」的首次出航（西元一四〇五年）早了二十一年，是中西交通史上值得大書特書的一件大事。該譜對李駑所娶色目女子的家世國籍未作明確交代，但從其《垂戒論》中所描述的衣著飲食、喪葬禮俗中，可見端倪。該文稱其俗：「纏頭披褐而跣足也，七戒三齋不飲酒，不茹葷……齋，晝則不食，夜則食之，市則不食，自屠乃食之，豢則不食，芻則食之」；「不圭其身不為成人也」；其治喪「笙歌鼓舞，實之以汞，贈之以華。無喪無服，桐棺不掩，而厝之中野，不為主也，不為祀也」。一副伊斯蘭教信徒的形象躍然紙上，是研究中西文化交流的一份珍貴資料！

其二是近年新發現的、海內唯一的、關於世界著名水利學家李冰家世的《李氏世譜》。該譜由李冰六十七世裔孫李待慶於清同治十一年（西元一八七二年）纂修。李冰是戰國時期秦國著名的水利學家，由他主持修築的都江堰水利工程，兩千多年來造福後代，創造了水利史上的奇跡，成為科技史上的瑰寶，被列為世界文化遺產，深受中外學者關注。但由於歷史文獻闕略，李冰的身世籍貫成為世界科技史、水利史和史學界的千古之謎，甚至有人認為李冰、李二郎父子僅是一個神話傳說，並無真人真事。及至一九七四年，在整修都江堰水利工程時，發現了一千八百多年前東漢時期雕有李冰姓名的石像，才確定李冰確有其人，但其祖籍、身世仍是個謎。直到一九九六年在山西運城鹽湖區郊斜村發現了《李氏世譜》，才斷定李冰就是今山西運城鹽湖區郊斜村人。

《李氏世譜》共分《李氏東分家譜》、《李氏中分家譜》、《李氏西分家譜》三冊，分別由李氏東、中、西三支保存。這三冊家譜的譜序中，都開宗明義地寫道：「余李氏始祖諱冰，又名李冰，號稱陸海，謚封金山順澤侯，二郎，其子也。按秦時冰為蜀郡太守，見四川成都府屬灌縣都江堰口水患甚鉅，因使其子二郎，鑿山導江，保全成都等縣。蜀人德之，不惟家立冰像，且於都江堰口廟祭二郎為神，至今香煙弗替。」至宋末，其裔孫「五十二世維淵公」、「五十三世如崗公」，「父子俱以孝廉補平陽府教授，方告任歸里，爰卜居是村，創立始祖家廟」，「彼時每歲春秋猶遣司官致祭」。

這就清楚講明瞭李冰的身世、籍貫以及修譜、建廟的歷史始末。筆者曾前赴郊斜村實地考察，有幸目睹了《李氏世譜》、清康熙二十五年重修的「李氏家廟」及雍正年間敕封神主靈牌和御批抄件。兩千多年的歷史謎團，借助一部家譜、一座家廟，得以澄清。這部《李氏世譜》不僅填補了正史、方志的遺漏，而且是涉及世界水利史、科技史的重要文獻。

平民史冊——家譜的蒐集與保存

正因為如此，族譜、家乘，被有識之士稱為「平民史冊」，列為與正史、方志互為表裡、相互補充印證的三大歷史典籍。孫中山先生說過：「尋根覓本，追源溯流，為人之天性，中外皆然。由宗族的團結擴充到國家民族的大團結，這是中國人才有的良好傳統觀念，應妥加保護。」毛澤東在一九五七年成都會議上講話時也曾說道：「收集家譜、族譜，加以研究，可以知道人類社會發展的規律，也可以為人文地理、聚落提供寶貴的資料。」近代中國由於「極左」思潮的影響，族譜、家乘的纂修、整理、研究，一度被視為「封、資、修」遭到摧殘，但廣大民眾仍然甘冒風險，對族譜、家乘妥為保存。

到二十世紀八〇年代，隨著改革開放的深入發展和全球尋根熱的興起，弘揚優秀的傳統文化，宣導中華民族固有的傳統美德，受到各界人士的高度重視。族譜、家乘的社會價值和現實意義，日益顯現出來。為此，一九八〇年中國國家檔案局在大陸範圍內調查統計各藏書單位的家譜收藏情況，獲得家譜目錄四千餘條。一九八四年春，中國國家檔案局二處、南開大學歷史系、中國社會科學院歷史研究所通力合作，決定聯合編纂《中國家譜綜合目錄》。中國國家檔案局、教育部、文化部等部委聯合發佈了《關於協助編好中國家譜綜合目錄的通知》，其中明確指出：「家譜是中國寶貴文化遺產中亟待發掘的一部分，蘊藏著大量人口學、社會學、民族學、民俗學、經濟史、人物傳記、宗族制度以及地方史的資料，它不僅對開展學術研究有重要價值，而且對當前某些工作也起著很大作用。」要求各省、市、自治區和相關部門協助做好家譜綜合目錄的調查統計編目上報工作。經過多年的努力，《中國家譜綜合目錄》終於問世。該目錄收錄中國家譜目錄一萬四千七百一十九條，是迄今為止收集家譜目錄最多的一部大型文獻資料。

中國已形成了以國家圖書館（原北京圖書館）、上海圖書館、山西省社會科學院家譜資料研究中心為主的三大家譜收集、整理研究基地，並推出了一批研究成果，編纂了各自的家譜收藏目錄。其中山西省社會科學院收藏家譜近四千部，出版編纂了《中國家譜目錄》（山西人民出版社一九九二年四月第一版）、《中華族譜集成》（巴蜀書社在一九九六年、一九九七年陸續推出）等大型家譜專著。中國國家圖書館在二十世紀八〇年代中期對館藏家譜進行大規模整理，歷時三年，完成了《北京圖書館館藏家譜提要》的編寫，著錄各種家譜二千二百二十八種。上海圖書館是目前中國國內收藏家譜最多的部門，藏譜總量達一萬二千餘部，約占全中國已查明家譜總數的一半以上。二〇〇〇年五月整理出版了《上海圖書館館藏家譜提要》。同年十一月，上海圖書館受文化部的委託，負責牽頭編撰《中國家譜總目》，邀約全中國各省市大型圖書館和藏譜單位參與。

譜牒學的研究

自二十世紀八〇年代以來，譜牒學研究工作也逐步展開，一九九八年七月十一日，在山西省五臺山舉行了「首屆中國家譜研討會」，並成立了譜牒研究史上第一個全國性學術團體：「中國譜牒學研究會」，創辦了學術專刊《譜牒學研究》。一九九一年八月，又在山西太原和五臺山召開了「第二屆中國家譜研討會」。此後，由於經費短缺等種種原因，「中國譜牒學研究會」未能正常開展活動，直到一九九八年十一月中旬，在上海召開了「全國譜牒開發與利用學術研究會」，中國國內外譜牒研究專家才第三次聚會。

在此期間，山西、福建、上海、河南、四川等地也先後成立了地方性譜牒學研究會，譜牒學研究進入新的發展時期。

凝聚血親的基石，行使族權的殿堂

宗祠，也稱祠堂、宗廟、家廟，是宗族祭祀祖先的地方，被視為血緣崇拜的聖殿。人類對祖先的崇拜由來已久，早在氏族社會已經盛行，在殷墟遺址中，就發現有為祭祀墓主而建造的享堂。殷商時期，同姓者有共同的「宗廟」，同宗者有共同的「祖廟」，同族者有共同的「禰廟」。到周代，由於宗法制度的確立，廟制逐步完備，《禮記．王制》有「天子七廟」、「諸侯五廟」、「大夫三廟」、「士一廟」，「庶人祭於寢」的記載。這裡所說的「七廟、五廟、三廟、一廟」，是根據不同的社會地位，可在宗廟中分別設置和祭祀七代、五代、三代、一代以上祖先的亡靈。

宗廟的意義

庶民不設宗廟，在寢堂中祭祀祖先。宗廟是宗族血脈所系，也是宗族盛衰的標誌。興旺的家族，四時祭享，香火不斷；衰敗的家族，則宗廟殘頹，香火斷絕。尤其是帝王的宗廟（也稱太廟），不僅是宗族的象徵，也是國家政權的象徵，是國家舉行大典、宣佈重大決策、新君繼位、策命大臣、召會諸侯的場所。歷代帝王都將宗廟看作王權統治的精神支柱，是國家權力的重要標誌。「宗廟社稷」的存毀往往成為一個朝代、政權興亡更替的代名詞，所以《左傳》上說：「國之大事，在祀與戎。」意思是說，敬宗祭祖與整軍經武，都是關乎國家興亡的大事。每當改朝換代之際，新的統治者在營建宮室時，首先要營建宗廟。今中國北京天安門東側的勞動人民文化宮就是明、清皇室的太廟。

祠堂的發展與保護

民間的祠堂，是西漢時才發展起來的。秦漢時，往往在帝王陵墓所在之地建立祠堂，以便祭祀，故也稱為「享堂」，因所用建築材料多為石塊，也稱「石室」。民間也有仿效。現存於山東濟南市長清區孝里鋪孝堂山的郭氏墓祠，是已知中國國內保存最為完整、建築年代最早的民間祠堂實物。孝堂山原名巫山，因山上有郭孝子墓和祠堂改稱孝堂山。根據其祠內存有「泰山高令明永康元年（西元一六七年）十月二十一日故來觀記之」。「平原隰陰邵善君以永建四年（西元一二九年）四月二十日來過此堂叩頭謝神」的兩幅題銘，以及祠內的畫像風格推斷，其建築年代約為西元一世紀前後。石祠坐北朝南，面闊四點一五公尺，進深二點一五公尺，高二點六四公尺，石祠內部三個壁面及石樑兩側，刻滿各種歷史故事和反映當時現實生活的畫面。據此，可以瞭解風行漢代的民間石祠的具體形象和構造。一九六一年被中國國務院列為全國第一批文物保護單位。

與孝堂山郭氏石祠齊名的還有嘉祥武氏石祠。嘉祥武氏石祠位於山東省嘉祥縣翟山山麓，建造於東漢，因祠內保存有價值極高的漢代石刻而馳名中外，被列為全中國重點文物保護單位。

嘉祥縣武氏石祠，由武梁祠、武榮祠、武班祠和漢代石刻組成。武梁，字綏宗，曾任州從事，卒於漢桓帝元嘉元年（西元一五一年）。武榮為武梁之侄。武班生卒年不詳，與武梁當為同族。武梁祠最有價值的是先後發掘出來的四十三塊漢代畫像石刻，既有祠主人的主要經歷和生活場景，也有古代的歷史故事，而且每幅畫像上都有隸書題字，共一萬零六十九字，是十分珍貴難得的歷史資料，也是稀有的藝術珍品。

東漢以後祠堂修建相對緩慢

東漢以後，魏晉南北朝、隋、唐、五代至北宋，朝廷雖然容許民間修建祖廟，但等級規定很嚴格，有資格修建祖廟的人物寥寥無幾，祠堂的發展相對緩慢。至宋代，由於理學盛行，儒家「三綱五常」倫理道德觀念得到加強，「孝為百行之首」。所以，朱熹在《家禮》中規定：「君子將營宮室，先立祠堂於正寢之東。」而且，「或有水火盜賊，則先救祠堂，遷神主遺書，次及祭器，然後及家財。」祠堂被視為高於一切，為家族命運之所系，具有神聖不可侵犯的地位。因此，名宦巨賈，豪門望族，增建祠堂，以顯其本，以祭其祖，宗法、血緣觀念由此強化。自《家禮》問世之後，臣民祭祖的建築才被稱作祠堂。

明清祠堂修建風氣的盛行

明清時代，宗族制度處於成熟發展階段，祭祀祖先作為家族的重要活動，受到人們的高度重視，祠堂成為家族具有凝聚力的象徵。祠堂的營建成為全體族人共同的意識，官方當局也予以足夠的關注和重視。明洪武初年規定：官家祠堂按《家禮》舊制；庶民可祭祀祖父母、父母二代。洪武十七年（西元一三八四年）又採納唐縣知縣胡秉中的建議，將庶民祭祀二代改為曾、祖、禰（父）三代。成化十一年（西元一四七五年）國子監祭酒周洪謨建議整頓祠堂之制：「臣庶祠堂神主，俱自西而東。古無神道尚右之說，惟我太祖廟制，合先王左昭右穆之義。宜令一品至九品，皆立一廟，以高卑廣狹為殺。神主則高祖居左，曾祖居右，祖居次左，考居次右。」嘉靖十五年（西元一五三六年），明王朝重建九廟，朝廷議定廟制，禮部尚書夏言同時呈上《請定功臣配享及令臣民得祭始祖立家廟疏》：「臣忝居禮官，躬逢聖人在天之位，又屬當廟成……乞詔天下臣民冬至日得祭始祖……乞詔天下臣工建立家廟。」（《桂州文集》十一卷）

嘉靖皇帝准照頒行，庶民之家建祠之風由此盛行。尤其是明代中後期到清代中葉，在文化發達的江南地區，祠堂的修建更是十分普遍。以江西為例，根據乾隆二十九年（西元一七六四年）統計，全省七十八個州縣中，各姓修建的總祠八十九處，由一姓一族修建的支祠達八千九百九十四個，幾乎所有村鎮都有祠堂，有的一個村莊有數個之多。再比如安徽省，不僅祠堂眾多，而且規模宏大，遠近馳名，有的一直留存至今。安徽黟縣的南屏村，從村口到村中，就有葉氏、程氏、李氏等八個祠堂，南屏村也以「祠堂村」聞名遐邇。黟縣西遞村也以祠堂眾多、規模宏偉久負盛名，如村中的「明經胡氏宗祠」，根據族譜記載，明經胡氏乃唐昭宗李曄後裔，因唐末避難，育於婺源胡氏，遂以胡為氏。宋元年間遷黟縣西遞，為西遞始祖，在西遞村中即建有「本始堂」、「追慕堂」、「敬愛堂」、「仁讓堂」、「七賢祠」、「靄如公祠」等眾多祠堂，均為江南祠堂的經典之作。

享譽海內外的著名宗祠

西遞村於二〇〇〇年被列入聯合國教科文組織世界文化遺產名錄。再如安徽歙縣的富堨村，是汪姓聚居的村莊，除全族共建的「大本堂」之外，又按照分支派別建起了「綏仁堂」、「仁安堂」、「敦本堂」、「餘慶堂」、「嘉德堂」、「仁清堂」、「仁和堂」七個支祠。還有安徽績溪的龍川胡氏宗祠、周氏宗祠、婺源江口的俞氏宗祠，浙江寧波的秦氏宗祠，江蘇蘇州的王家祠堂、無錫的吳太伯祠，江西流坑的董氏大宗祠，福建邵武的董氏宗祠……都是久負盛名的江南名祠。二〇〇四年十二月，筆者應無錫祠堂文化研究會之邀前往無錫實地考察時，發現僅在無錫惠山公園不足零點五平方公里的範圍內就留存有七十一個姓氏的一百一十八座祠堂的遺跡、實物，江南祠堂之盛於此可見一斑。

明清時期創建或重修的各類祠堂也為數眾多，留存至今的也為數不少，如山西晉城皇城村的陳氏祠堂、山西代縣的楊業祠、廣東廣州的陳氏祠堂、臺灣台南的延平郡王（鄭成功）祠，都是享譽海內外的著名宗祠。

縱觀明、清以來的各類祠堂，雖然類型各別、規模大小不同、地域分佈不均，但其所展示的文化內涵，所具有的社會功能，主要有以下兩個方面。

朝宗謁祖、祭祀先人的聖殿——祠堂

在古人看來，祠堂是宗族的榮耀，也是祖宗的功德，因此祠堂的第一要義和主要作用，就是朝宗謁祖、祭祀先人。祭祀的對象主要有得姓受氏之祖、開宗立派之祖、當地始遷之祖，以及有功業、德行的歷代先人。

由於祠堂祭祀祖先的範圍、內容不同，所以祠堂有總祠、支祠、分祠等不同類別和稱謂。由同姓合族合祀者稱為總祠或宗祠，祭祀祖先往往追溯數十世、上百世之遠。如周姓以後稷為始祖，吳姓乙太伯為祖，姜姓以姜尚為祖，王姓以王子喬為祖，陳姓以陳胡公為祖，林姓以比干為祖，李姓以皋陶為祖。浙江淳安的汪姓宗祠，則一直追溯到軒轅黃帝的世系。分支各祀者稱為支祠、分祠，一般祭祀為本支派、本家族的開宗立派之祖或始遷之祖。祠堂的規模和建制，視家族人口的眾寡，支派的大小和族田、族產的豐盈、實力而定。一般為數開、數進的宮殿式建築，富裕家族的祠堂也是異常的富麗堂皇，有二、三十區的房宅。

祠堂裡一般塑有先祖塑像，或懸掛祖宗圖像，安放祖先的神主牌位，書寫祖宗名諱、生卒年月，原配、繼配的姓氏。有的紅底黃字，有的藍底黑宇，被認為是祖先的亡靈所在，因而也叫「靈位」。靈位的安放也有一定的規矩：正中神龕最為崇重，安放、供奉本族始祖；左龕為「崇德」，供奉有功名出仕、德澤於民的先祖；右龕為「報功」，供奉捐資贈產、大修祠堂、購置族田、創辦義學等有功於本族的先祖。此外，其他的歷代祖先則按「左昭、右穆」的順序分別安放於偏殿、側室。除受到出族之罰外，一般男子死後其神主牌位都進入祠堂。也有部分族人，因不敬祖宗，出家為僧，或娶娼妓為妻及操業卑賤因而不得參加考試者，均不得在宗祠立位。

在宗祠中舉行最隆重的儀式是對祖宗的祭祀。大多數宗族每年舉行春秋兩祭。也有些宗族只舉行春祭，也有的宗族實行四時祭祀，即每年春、夏、秋、冬各祭一次。具體時間無統一規定，多在民間傳統節日，如清明、夏至、秋分、冬至、春節進行。遇有子孫科舉、或晉升官爵、或受朝廷的恩榮賞賜，也可開祠堂特祭。在祭祀日的前夕，有關執事人員應清掃宗祠，佈置祠內的享堂，並按照本族的祭規準備好各色祭品。祭品不應過奢，但也不得數量不足，或品質稍次。大祭前執事的子孫應先期練習祭儀，「務令駿奔嫺熟，贊唱清朗」，不得在祭祀時弄出差錯，並有明確分工：有主祭人、分祭人、司贊、司祝、司爵、司筵、糾儀等執事人員，分別負責主持、司儀、讀祝祠、管祭品祭器、糾察紀律等。在祠祭日，合族成年男子都應與祭。即便散居到數十里、數百里以外，每年或兩、三年也須與祭一次。族眾於祭日的清晨務必風雨無阻，按時聚集，不得遲到。與祭者必須身著禮服，衣冠整肅，不得蓬頭赤足，或身著短衣小帽。同時，不少宗族除禁止婦女入祠與祭外，還禁止孩童與祭。這是唯恐小孩不懂事，會吵鬧、搗亂，破壞祭祀的肅穆氣氛。祭祀開始後，族眾應依照輩分列隊，不得先後靡越。在按祭規行禮時，不得草草敷衍，也不得亂言、戲謔、喧嘩。

祭祖的原則是「必豐、必潔、必誠、必敬」。其中最根本的是「敬」，就是對冥冥之中的祖先心存敬畏，虔誠信奉，「事死如事生」。祭祀祖先最主要的禮儀是「三牲、三獻」與「屍祝」。「三牲」是指牛、羊、豬三種供品，也稱「太牢」，古代只有帝王、聖賢才能享用。二品以上官員可用豬羊各一隻，五品以上用羊一隻，五品以下人家，只用豬一隻，豬羊供品，統稱「少牢」。「三獻」是「初獻、亞獻、終獻」三道上供程式。「屍祝」是指替死者受祭，象徵死者的人，稱為「屍」，對「屍」致祝詞和代神傳話的人為「屍祝」。「屍」一般由臣下或晚輩充任，後世改為用神主、畫像來代替。

祭祖的大致程序

1 主祭人向祖宗神位行禮。

2 族長離開享堂，迎接犧牲供品。

3	初獻：在供桌上擺放筷子、匙勺、盞碟。
4	宣讀祝詞。
5	焚燒明器紙帛。
6	奏樂。
7	族人拜祖。
8	二獻：上羹飯、肉。
9	三獻：上餅餌菜疏、果品（在初獻、二獻、三獻之間，都有上香、禮拜等儀式）。
10	撤去供品；族人會餐（古人稱為享胙），分發供品（也稱散胙）。

但在實際祭祖程序中，三牲、供品、祭器香燭都是事先陳設整齊，屆時由主祭人帶領族人跪拜、致辭，程序上大為簡化。祭祖的經費開支，一般由族田、族產公共收益中支出，若有不足部分則由族人捐助或攤派。

政權、國法的延伸與補充——族權與宗法

宗祠、祖廟是朝宗祭祖的聖殿，也是族權宗法的象徵，凡是族中的重大事宜，均要

在祠堂中議定，按族規宗法進行處理。因而宗祠也成為行使族權宗法的場所，具有宣揚教化倫理、凝聚約束族人的重要功能。在「宗君合一，家國同構」的封建社會，族權和宗法乃是政權和國法的延伸和補充，宗族組織就是維護國家機器、推行政策法令的基層組織和有效工具。在長達兩千多年的封建宗法社會中，宗族作為社會特有的普遍性組織，對社會的政治、經濟、文化的發展有著很大影響。尤其是明清以來，族權被官方正式承認，成為輔助國家政治、維護封建統治、推行各種制度的有效的組織機構。

首先，宗族內實行嚴格的族長制，族長集一切權力於一身，避免了族內因權力之爭引起的混亂。祠堂的設置、各類族規的制定以及其他典章制度的實行，對族人的思想、言行嚴格控制，將其約束在封建倫理道德的說教下，使等級差異、貧富不公等許多矛盾相對得到掩蓋，避免因其激化而引起的社會動盪。另外，宗族的勢力始終與國家政權密切相連，宗族內部政治、經濟的穩定發展，保證了國家政治的穩定延續，二者相輔相成。

祠堂的管理之權，一般由長門嫡派出任族長，主持管理，並選派族中子弟負責日常有關事務，按照族規家法嚴加管理。在平時，族眾應維持宗祠莊嚴、清靜的氛圍。祠堂應鎖閉大門，從耳門出入。在祠內不得堆放糧食、柴草、棺木及其他雜物，不得讓人借宿，不得讓工匠做工，特別是不得在祠內聚賭，或是將宗祠賃於他人。有些宗族特許族內的文人在祠內讀書或會文。到明末清初，不少宗族還利用祠內的空房來興辦小學。不過，有的宗族認為宗祠「永宜清靜」，唯恐「異姓雜處，有褻先靈」，因而一直禁止將宗祠作為辦學的場所。對於祠內的財產，禁止族人私自借用。也有些宗族允許族人在婚、喪諸事時借用祠內器用什物，但在事畢後應立即送還。為了維護宗祠，有些宗族雇用專人來進行管理。一些宗族則由各房或各支來輪流「值年」。在宗祠的房屋有所損壞時，他們就應及時進行維修。

其次，在傳統農業經濟結構中，宗族促進了小農經濟的穩定發展。小農經濟的特點是以家庭為單位的一家一戶的自給自足，既直接影響了先進技術和經驗的推廣，又不利於水利、道路公共設施的建設。另外，以家庭為單位的個體生產在與自然的抗爭中，常顯得力量不足。個體小農力所不及之處，正是宗族發揮功能的地方。宗族利用自己的群體形式，聯合各獨立的家庭在一定程度上緩解了個體小農因自我封閉在提高生產率與發展經濟上造成的阻礙。特別是宋朝以後，范仲淹創辦了義田、義莊，許多強宗大族紛紛仿效。義莊、義田的設置，既能賑濟貧困的族人，又發揮了經濟上自助救濟的社會職能，從而使族人在維護極低生活水準的基礎上，穩定了家庭和個體小農經濟。

一些較大的宗族都有其公共族產，而這些公共族產的收入相當一部分用來維修宗祠、祭祀祖先。族產的來源主要有以下幾個方面：其一是捐助和攤派。例如，開沙許氏規定，有家貲五百貫的族人，每歲捐錢五百文；一千貫者，每歲捐錢一千文；一萬貫者，每歲捐錢一萬文。每有男嬰出生，也須向宗族交納五百文。其二是罰款。罰款是很多族規普遍採用的懲罰方式。對違反家法族規者幾乎都處以罰款，罰款的條款各族不同，金額多少不等。其三是辦事費。在很多宗族中，族人死後的神主進祠堂等都要交納一定的錢款，作為宗族經費。如甬東湖下應氏規定，要將一個牌位放進祠堂，須付進主錢一千二百文。此外如續修家譜、舉辦慈善事業及涉及全族的大事，都要向族人攤派。其四是來自遺產。不少宗族都規定，如死者要立繼，應將部分遺產歸公；無後的族人，其財產均收歸祠有。其五是族田、房租等固定的收入。大多數宗族的族產是土地。這些土地主要用於維修和祭祀祖墓的，叫作墓田；主要用於學塾開支的，叫做學田；主要用於救濟貧苦族人的，叫作義田。同時部分宗族在城鎮裡還有一些房產及店鋪。一些大族，特別是南方大族，還有一種特殊產業，叫作義莊。義莊與義田的收入都用於救濟貧苦的族眾。對於族產，幾乎所有宗族都奉行只許買進不許賣出這一單向流動的原則。子孫有「永遠保守」族產的職責，典賣這些產業者，即會被視為不肖子孫。

一般情況下，族產由尊長們選擇正直老成的族人來管理。另一些宗族的產業則由各房輪流掌管，叫作「值年」。為了防止經營者貪污舞弊，很多宗族備有專門的帳冊，要求經營者詳細登錄開支情況。到來年初，他們應將開支專案向族眾公佈，或由接替者仔細查核。如發現濫用或侵吞族產的行為，不僅當事者會受到賠償、罰款、出族等懲罰，甚至該房也會受到永遠取消值年資格之類的懲處。

維護宗法的典制，修身齊家的準則

中國傳統社會是一個家天下的社會。在「宗君合一，家國同構」的封建宗法社會裡，家庭和宗族是國家的基石，直接關係到政權統治的穩定和長治久安。宗族經過歷代王朝的宣導和經營，形成了一套以「保甲為經，宗法為緯」的基層統治網絡。皇權依賴於族權，國法得益於家法。家法、族規成為國法的延伸和補充。

一個以血緣傳承為脈絡的家族，把眾多族人團聚在一起，形成一個同財共居的大家庭之後，族大、人多，關係複雜，就需要制定一些規矩來規範族人的相互關係，約束族眾的思想行為和倫理道德。這些規矩、辦法，開始是習慣上的約定俗成，即由族長口頭規定幾條，族人共同遵守，後來形成條文，寫在紙上，就是成文的族規、家訓、家誡。

族規、家訓的產生

族規、家訓作為宗法制度的產物，在封建社會前期就已經出現。例如東漢馬援的《誡兄子嚴、敦書》，就是講子侄等晚輩如何讀書做人的道理，就其內容而言，可以說是封建家訓的雛形。而北齊時顏之推編撰的《顏氏家訓》，則已經是比較完整意義上的家訓了。在宋朝以後的封建社會後期，在程朱理學的影響下，家訓、族規迅速發展起來。每個家族必有一部以至數部家訓、族規，大部分被編集在各個家族的家譜之中，是家譜的重要組成部分，有的還被傳抄、翻刻，在社會上廣為流傳。內容一般都有所謂重綱常、祭祖宗、孝父母、友兄弟、敬長上、親師友、訓子孫、睦鄰里、肅閨閣、慎婚姻、嚴治家、尚勤儉、力本業、節財用、完國賦、息爭訟等項目，是家庭、家族中父祖等長輩教育子孫如何做人和修身齊家的誡勉之辭，以及規範家族和族眾思想行為的道德原則和注意事項。不同家族的家訓、族規有著不同的側重點：有的側重在思想修養方面，教育子孫按照封建道德的要求，做正人君子；有的側重在禮節儀表方面，要求子孫對父祖、晚輩對長輩表現出順從、謙遜、恭敬的態度；更多的則是側重在行為準則方面，告誡子弟族眾哪些事應該做，哪些事不能做。明清時期各地家譜中所收載的家訓、族規大都屬於這一類。由於各地區的風俗習慣不盡相同，各家庭、各宗族的政治、經濟、文化等背景也不相同，因而他們訂立家訓、族規時的指導思想並不完全一致。不過，絕大多數家訓、族規都體現了下列三個基本原則。

家訓、族規的基本原則

一、**合乎禮教**：當時社會上占統治地位的思想，是傳統的儒家思想。在訂立家訓、族規時，大多參考了宋代理學家朱熹撰寫的《朱子家禮》，使這些規範體現了禮教的精神，其核心即三綱五常。儘管家訓、族規很少涉及國家，並沒有積極宣揚「君為臣綱」思想，但是眾多的家訓、族規確以「父為子綱」、「夫為妻綱」為基調，充分體現了父子、男女之間的不平等。例如，幾乎所有的家訓、族規都將忤逆父母列為最嚴重的罪行，要予以笞責、鳴官直到處死等最嚴厲的懲罰。而大部分家訓、族規幾乎都沒有提及父母對子女包括繼子女的虐待也是罪惡，沒有規定對這些兇狠的父母也應予以懲罰。

二、**注重教化：**絕大多數家庭和宗族訂立家訓、族規的主要目的之一，就是「明刑弼教」、「修身齊家」，用大量的篇幅娓娓不倦地教誨子孫如何立身處世，並作出對於違反者應予處罰的規定，寓教於罰，旨在使失足的後裔迷途知返，並起到懲一儆百的作用。此外，大多數家訓、族規還十分注重獎勸，以多種方式獎勵能提高家庭、宗族社會地位和聲望，拯救家庭、宗族於危難之中的人物，為之樹碑立傳，載入家譜，從而樹立正面典型，供全家、全族效仿，甚至作為子子孫孫學習的楷模。

三、**符合國法：**中華民族很多族規、家訓的制定者們都認識到，家訓、族規應參照國法、合乎國法。如宜荊朱氏指出：「家法必遵國憲，方為大公。」使家訓、族規符合國法，不與國法相衝突，這是當時的家庭、宗族能夠在社會中安全地生存和發展下去的前提之一。否則，後果是不言自明的。可見，國法也是家訓、族規的源頭之一。同時，有些家訓、族規的訂立者還將這些規範當作國法的補充。

族規、家訓作為家族文化的重要內容，既有宣揚綱常名教、維護封建等級秩序的消極因素，但也總結了歷代「修身、齊家」的歷史經驗和教訓，蘊涵著中華民族的許多傳統美德，對於今天加強家庭道德教育，規範青少年的社會行為，鞏固安定團結的政治局面，促進精神文明建設與構建和諧社會，都有一定的現實意義和積極功能。

族規、家訓對現代的影響

從歷代族規、家訓的內容來看，主要包括以下四個方面。

一、**宣導尊老敬長、團結友愛、和睦相處、和衷共濟的倫理道德**：在幾乎所有的族規家訓中，都把「孝悌」二字作為治家教子的基本格言。孝，是指兒女子孫對父母長輩的尊敬和奉養；悌，是指兄弟間友愛團結。「孝悌」是人類進入文明社會以來的基本倫理，進入封建社會，尤其宋代程朱理學盛行之後，更成為評判人格、品德的重要標準。孝、悌成為封建倫理的核心。有所謂「百善以孝為先，忠臣出於孝子之門」的說法。常州《陳氏家譜．家規》明確規定：「小兒甫能言，則教以尊尊長長，稍就學，則教以孝悌忠信禮讓廉節。」要求子女對父母長輩贍養要豐，侍奉要敬。根據禮教，卑幼者對尊長必須畢恭畢敬，不得與長輩平肩並坐，不得直呼長輩的名字，也不得呼其名號、表字，否則就是「以卑狎尊」。

在卑幼與尊長有所糾紛時，幼輩必須處處忍讓，不能頂撞尊長。要是卑幼與尊長發生了衝突，即便錯在尊長，卑幼也往往會首先受到懲罰。如《章溪鄭氏宗譜》規定，尊卑發生爭論時，尊長「如恃尊淩卑，有所侵奪」，卑幼可告訴宗長，由宗長來處理。但「若卑犯其尊」，宗長就要「先責其犯上之罪」，而後再辨別這一爭論的曲直。與此同時，很多家訓、族規還規定，尊長應自重自愛，切不可以尊淩卑。對於無理欺壓卑幼的尊長，不少宗族還會予以懲罰。如《峒岐謝氏宗譜》規定，「若恃尊淩卑，恃長凌幼，甚或藉端起釁，謀害族中，此等尊長，實為族蠹」，「理宜公同議逐，使無貽害於後」。可見，雖然卑幼必須敬重尊長，但在家訓、族規面前卑幼和尊長仍是相對平等的。

為了便於區分族人的輩分，很多宗族都設定了本族的「字派」，即同一輩的子孫，其名字的中間一字必須使用同一個字。不少宗族還將它們編成押韻的詩歌。在規定了「字派」的宗族中，族人在取名時不得犯字派，不得犯祖宗的名諱。遇上這種情況，宗族就會要求他們改名，否則，便會予以革譜等懲罰。

眾多家訓、族規都強調，族人應互相關心幫助。這叫「敦族誼」、「和宗族」。這是因為合族之人都是始遷祖一人的後裔，因而對一家一房來說，族中人有親有疏，而對祖宗來說所有的族人都是他的後裔，他都是一視同仁的。因此，作為同一祖先的後人，就應該互相關心，不能「雞犬之聲相聞，老死不相往來」。族中人有婚喪嫁娶等大事，都應該積極參加，盡力幫助。

很多家訓、族規都規定，對於屢遭顛沛、迭遇凶荒的族人，以及父母早喪、家業凋零的孤兒，血緣關係較近的族人應助其衣食，動用宗祠的公積金來加以周恤。建有義莊的宗族通常也給孤兒寡母以及孤寡老人分發較多的糧食、棉花及錢物。

若干宗族不僅為貧苦的族人救一時之急，還幫他們成家立業。如紫江朱氏對貧苦子弟，視其「才力」，即看他們適合從事什麼職業，來決定如何設法幫助，或是湊集本錢，讓他們做點小買賣；或是劃出些田地，讓他們承租耕種。如果是聰穎的子弟，則出資幫助他們就學，「俾得發名成業」。徽州等地一些注重經商事賈的宗族，則會給族中貧苦的子弟提供進店學藝的費用，並在他們滿師時再為他們提供一點經商的本錢。對於節婦的子弟，不少宗族給他們以更多的幫助。常州屠氏就特設恤孤家塾，免費讓貧苦節婦之子入塾讀書，並在他們出塾謀生時贈送「衣履之費」。還有些宗族設立了一些專門用於濟貧的基金。例如，丹徒陳氏規定，資產素豐的族人在婚娶之時應「輸貲於祠」，作為宗族的積累。日後族中有貧不能娶者，宗族即以此款酌量資助，使他們得以成家。

二、教育子弟「力農務本」，克勤克儉，寬厚忍讓，嚴於律己，讀書上進，光宗耀祖：

歷代家訓、族規大多有「勸勤儉」或「戒奢侈」的條目，闡述勤儉為本、勤儉持家的道理，提出驕奢可以敗家亡身的警告，勸諭子孫族眾克勤克儉、戒驕戒奢。會稽顧氏家訓說：「勤儉二字，古人謂眾寶之門，入之則成，出之則敗。是以大賢君子，雖處卿相之位，而儉約如布衣。」昆山朱氏家訓專列「論勤儉」一章，詳細論述治家持身的勤儉之道說：「勤與儉，治生之道也。不勤則寡入，不儉則妄費，寡入而妄費則財匱，財匱則苟取，愚者為寡廉鮮恥之事，黠者入行險徼幸之途，生平行止，於此而喪。」

在這裡，把治家和持身的勤儉與奢侈同人的品行修養聯繫起來，論述若一味追求生活上的奢侈享受，經濟條件又不允許時，就必然會走到鼠竊狗偷的路上去，做出喪失廉恥的事，教育子孫本分地讀書做人，加強品德修養，從提倡勤儉開始。這種見解是相當深刻的。所謂「黎明即起，灑掃庭除」，「一粥一飯，當思來處不易。半絲半縷，恒念物力維艱」，就是昆山朱氏提出來的，後來成了人們常用的勤儉持家的格言。

人和人的相互關係上能否做到忍讓寬厚，嚴己寬人，從根本上說，是表明了人們對於金錢、物質利益的態度。這是區別君子、小人的一塊試金石。家訓、族規中有大量內容是提倡這種樂於吃虧、莫佔便宜、寧人負我、勿我負人的傳統品德的。如甯都魏氏家訓說：「我不識何等為君子，但看日間每事肯吃虧的便是；我不識何等為小人，但看日間每事好佔便宜的便是。」明代楊繼盛在獄中寫的《訓子語》，是一部很有社會影響的家訓，其中他教育兒子們的「與人相處之道」，就充分地體現了那種樂於吃虧、不貪便宜、寧人負我、勿我負人的傳統品德：「與人相處之道，第一要謙下誠實……寧讓人，勿使人讓我；甯容人，勿使人容我。寧吃人虧，勿使人吃我虧；寧受人氣，勿使人受我氣；人有恩於我，則終身不忘；人有怨於我，則即時丟過。」

忍讓、寬厚、吃虧、不佔便宜等道德觀念，在階級社會裡是有階級性的。封建家訓、族規提倡這些東西，即使在當時的歷史條件下，真正做到的微乎其微。但作為一種處理人際關係的道德原則，確是值得提倡的優良品德。

教育子孫讀書明理，處世做人，是歷代族規、家訓中的一大特色。如任丘邊氏家訓說：「天下事利害常相半，有全利而無少害者惟書。能令子孫飽讀古人書，便是人間三島。」再如《五華繆氏家訓》說，子孫雖守本分，「若不讀書曉理，塊然如土俑木偶，則亦何用。」常州周氏家訓也說：「子孫賦性雖愚，父兄即家貧力薄，經書不可不讀。」封建家族認為有百利而無一害的書，自然是指語錄時文、四書五經，他們並不主張凡書皆可讀（例如許多家訓、族規在提倡認真讀書的同時，嚴禁子弟讀淫書、邪書），但他們確實比較深刻地認識到讀書好壞對於一個家族興衰的重大關係，所闡述的道理也比較深刻。

關於讀書的目的和態度，多數封建家族勢力固然都十分賣力地鼓吹「萬般皆下品，唯有讀書高」，「祖宗富貴，自詩書中來」，「光大門戶，斷在讀書」，要求子孫族人努力讀書，應舉做官，光宗耀祖，揚名顯親。但也有一些頗有頭腦的家長、父輩主張讀書應先求義理，變化氣質，探尋學問，學做好人，教導子孫族人正確處理讀書和做人、讀書和科舉的關係，千萬不要單純追求功名利祿，忘記了書中的道理和做人的品格。

這種教子讀書、求知識、學做人的家庭教育，不僅在當時有其積極的作用，即使在當今社會中，也是值得借鑒和繼承的優良傳統。

三、講究文明習俗，注重社會風尚，勸誡子弟不要沾染惡習，是歷代家訓、族規的又一特色：封建家訓、族規主張整頓的不良社會風氣、要求革除的惡習陋俗，主要有以下一些。

反對迷信陰陽風水、講求厚葬、大辦佛事道場的殯葬陋俗。主張從速從儉葬親，切莫因喪事弄得破產喪家。如前所述，在封建社會中，對父母祖先生養死葬，是孝的起碼要求，也是子女晚輩應盡的社會義務，因此葬親是家庭、家族中的一件大事。長期以來，社會上形成一種追求厚葬、大作佛事道場、追薦超度亡靈的陋俗，弄得有的人破家葬親，甚至以此為榮。

那種迷信陰陽風水，認為祖墳葬於吉地，子孫必然大富大貴的風氣亦十分流行。有的子孫為等到風水寶地，長期停柩不葬；有的為謀取他人的所謂吉地，設謀隱害，甚至傷天害理，訴訟連年。面對這些壞的社會風氣，許多家訓、族規都主張進行整頓，革除這些陋俗。如西林岑氏家訓規定，親死要從速下葬，不准「用僧道，設齋醮」，教育子孫不要相信超度亡靈、懺罪資福的無稽之談。如果死者生前確有過惡，孝子賢孫就應當加倍修德行善來彌補，這是對死者最好的超度。如果族中有「或羈束於仕宦，或拘忌於陰陽，或貪求夫吉壤，至有累年而不葬者」，「紳則不許入官，士人則不許赴舉」，並「嚴立禁約，毋染頹風」。

主張男婚女嫁，注重人品，莫貪錢財。如昆山朱氏家訓要求：「嫁女擇佳婿，毋索重聘。娶媳求淑女，毋計厚奩。」長沙謝氏家訓把計厚奩、索重聘的陋習的危害說得十分透徹：「近來俗尚侈靡，富者踵事增華，貧者亦強求飾美，每因婚嫁之受累，遂致家用之空虛，甚至門戶蕭條，親戚相棄，悔之晚矣。」並勸諭族人：「與其奢侈而取困窮，曷若節省以重久遠，且為兒女惜福！」

四、嚴禁子弟沾染社會上的惡習，主要是禁止子弟嫖妓、賭博、酗酒、鬥毆等：嫖、賭、酗酒、鬥毆等惡習，在任何時代，均為法律和道德所不容，但它們仍然像瘟疫一樣在社會上傳播，對人們尤其是年輕人起著腐蝕作用。封建的家訓、族規宣導正風澄俗，整頓社會不良風氣，也包括打擊和革除這些社會上的惡習。不少族規、家訓對於犯禁子弟，輕則訓誡、責打，重則送官究治，革除族籍。

綜上所述，我們不難看出，族規、家訓，作為家族文化的重要內容、家庭教育的基石，雖然產生於封建宗法社會，帶有濃厚的封建意識和等級觀念，特別是帶有「三綱五常」等庸俗、陳腐的道德觀念，是長期以來束縛人們思想的精神枷鎖，是統治者維護封建統治的工具，含有大量封建糟粕，但其中也包含了歷代人生哲理和歷史經驗的總結，保存了中華民族的許多優良傳統美德，對於強化家庭美德教育、規範倫理道德、促進社會主義精神文明建設，仍有一定的現實意義。

陸

家族文化的表徵，世系傳承的編碼

姓氏楹聯與字輩排行

姓氏楹聯和字輩排行，載錄姓氏淵源、傳承世系、家族風範、名賢聖德、遺聞逸事等重要內容，是區分姓氏、族別、宗支衍派、親疏、長幼的重要依據，具有凝聚血親、尋根認祖的社會功能，是宗祠、族譜中不可或缺的重要內容。漢魏以來迄

於清代，無論是小姓大族、高門寒第，都有其約定俗成的楹聯、字輩。及至現代，仍有相當一部分姓氏、家族延續使用，在港、臺地區和海外僑胞中更是十分普遍。

門榜堂聯標家世，讀聯知姓辨族系

楹聯俗稱對聯，表明家族姓氏的楹聯則稱為「家聯」「堂聯」，題寫、張貼於家居民宅門上的謂之「門榜」，懸掛、鐫刻於宗祠、祖廟的匾額、門庭、廊柱之上的多稱為「堂聯」、「祠聯」。

姓氏楹聯起源悠久、流傳廣泛、內涵豐富、文辭精美，多為文人學士、名流巨匠所題銘，有很高的藝術價值和學術價值，歷來深受文人雅士和研究工作者的青睞和重視。早在二十世紀三〇年代，上海會文堂新紀書局出版的《聯對作法》中，就將姓氏楹聯列為專章，予以評介。一九九九年九月河南中州古籍出版社出版的《中華姓氏對聯鑒賞》（李文鄭編著），收錄的姓氏楹聯達二千餘副。近年來，在新修、續修的各姓氏族譜、家乘中，也多附有姓氏楹聯文章。如河東裴氏在整理、編撰裴氏宗譜時，就曾專門編撰出版了一本數十萬字的《綠野堂楹帖》（裴國昌編著，香港明星國際出版公司印行），輯錄了兩漢至現代的裴氏楹聯。

姓氏楹聯從其內容和用途上來看，大體可分為通用楹聯、專用的門榜堂聯、雜詠題銘三大類別。

通用楹聯即各個姓氏可以通用的姓氏楹聯。主要題刻於宗祠、祖廟或刊印於族譜、家乘中。其內容多為崇拜祖先、報本思源、敦宗睦族、光耀門庭、誡勉子孫的傳統倫理。如：

祖功宗德源流遠，子孫貽謀世澤長；

祖恩浩蕩綿世澤，宗德無疆裕後人；

身范克端繩祖武，家規垂訓貽孫謀；

黃子炎孫，孝友一堂，赫赫矣紫雲百姓；

宗功祖德，蒸嘗萬古，巍巍乎佳里宗祠。

這都是各姓氏家族可以使用的常規套語，是姓氏楹聯中的通用模式。

專用的「門榜」、「堂聯」、「家聯」則是只能用於某一特定的姓氏，或某一特定的堂號，甚至是僅限於某一支派，不得張冠李戴，隨意濫用。

比如，「三省傳家」，這是曾姓的專利。其典故出自孔門高足曾參的名言：「吾日三省吾身，為人謀而不忠乎？與朋友交而不信乎？傳不習乎？」稍有點國學、古文知識的人，一看便知這是曾子的後裔。若「門榜」書為「三餘門第」，則是董姓後人。典出三國時魏人董遇，因其常教子弟利用「三餘」時間讀書，「三餘」即「冬者歲之餘，夜者日之餘，陰雨者時之餘」。

再如，「闕里一脈」是孔姓的專利。因孔子世居山東曲阜闕里，為名揚海內外的「至聖先師」、儒家鼻祖，天下孔姓後人多與曲阜孔氏通譜，以此來標榜出身高貴，是孔聖人族屬和後裔。

又如，「弘農世澤」、「清白傳家」則是楊姓的門榜、堂匾。其典出自東漢太尉楊震。楊震世居陝西弘農，一生為官正直清白，故以「弘農世澤」、「清白傳家」享譽後世。

此外，如張氏的「清河世澤」、李氏的「鳳鳴世第」、劉氏的「彭城世系」、牛氏的「五經傳家」、盧氏的「范陽名族」、董氏的「江夏世家」、鄧氏的「南陽世澤」、吳氏的「延陵世澤」、鄭氏的「滎陽氏家」、郭氏的「汾陽世澤」、蔡氏的「儒林門第」、範氏的「文正家聲」……都是某一姓氏的專用門榜和匾額。

由於門榜和匾額字數所限，因而內容較為貧乏，多是標明姓氏的郡望所在。相形之下，祠聯、堂聯就顯得豐富典雅，內涵深厚、廣博。

如朱姓家族常用堂聯是：「鵝湖世德，鹿洞家聲。」說的是南宋理學大師朱熹。上聯的「鵝湖」是指今江西鉛山（ㄧㄢˊ ㄕㄢ）鵝湖山，朱熹曾在此與陸九齡、陸九淵兄弟辯論理學與心學的誰是誰非；下聯的「鹿洞」是指位於今江西九江廬山的白鹿洞書院。朱熹重建書院，延請名師，並親自講學，使其名聲大振。

又如，馮氏有一副祠聯是：「父號萬石，子通四經。」上聯說的是西漢時繁陽人馮揚，漢宣帝時官拜弘農太守，八個兒子都做到二千石年俸的大官，父子年俸在萬石以上，故稱「萬石君」；下聯說的是西漢上黨潞城人馮奉世，宣帝時出使大宛，擊破莎車，因功封左將軍，四個兒子各精通一門經學：馮野王通《詩經》、馮逡通《易經》、馮參通《尚書》、馮立通《春秋》，故稱「子通四經」。

姓氏楹聯中還有一種題材更為廣泛，形式上也較自由，不受宗祠堂號制約的「雜詠題銘」。舉凡姓氏源流，英賢俊傑，逸聞掌故，皆可入聯。但其內容相對集中，更加凝練，既可用作堂聯、祠聯，也可入選文集、雜錄，多是詠史、懷人的即興之作。

如趙氏有一副對聯是：

乃祖曾以半部論語治天下，後人當以千秋俎豆祭堂前。

本聯所題詠的主人翁是北宋年間宰相趙普，他先任趙匡胤的掌書記之職，策劃了陳橋兵變，助趙匡胤奪取天下，在宋初任宰相，多有政績。他年輕時讀書不多，喜歡《論語》，他曾對趙太宗說：「我生平所學，都不出《論語》一書，我過去以半部《論語》助太祖而得天下，現在我要用半部《論語》助陛下治理天下。」再如，孫氏有一副楹聯是：

兵家之祖，循吏之宗。

上聯說的是春秋時軍事家孫武，字長卿，齊國人，以《孫子兵法》十三篇著稱於世，被後世尊為「兵家之祖」；下聯說的是春秋時楚國令尹孫叔敖，執政期間，吏無奸貪，盜賊不起，被列為做官典範，《史記．循吏傳》將他列為循吏第一，故稱為「循吏之宗」。

從傳世的姓氏楹聯來看，通用祠聯極少，大多是專用堂聯、祠聯和雜詠題銘。從其內容來看，大致可分為：詠人、銘史、載物、記事、弘揚傳統、敷陳教化等類型。

弘揚家世，光耀門庭

如王姓，向有「中華第一姓」的稱譽，人才輩出，代有英賢，以文治武功著稱於世。有的王氏子孫便撰成一聯，炫耀門庭：

輔國有先聲，宋相元藩明督撫。
傳家無別業，唐詩晉字漢文章。

這是湖南邵陽王氏一副祠聯。上聯的「宋相」是指北宋政治家、文學家王安石，為江西撫州臨川人，慶歷年間進士，宋神宗時拜相，極力提倡變法革新，實施了青苗法、保甲法、均輸法、農田水利法等一系列新法，史稱「王安石變法」，後封荊國公。王安石在文學上也頗有聲譽，被稱為「唐宋八大家之一」。「元藩」是指元代沈丘人王保保，為平章察罕帖木兒外甥、養子，元順帝賜名擴廓帖木兒，曆官太尉、中書平章政事（即宰相），封河南王，總督天下兵馬，屢與明將徐達交戰，被明太祖朱元璋稱為「奇男子」，為元代著名人物。「明督」指明代哲學家、文學家王廷相，字子衡，儀封人，弘治年間進士，曾任四川巡撫，官至南京兵部尚書，與李夢陽、何景明等並稱「前七子」，著有《雅述》、《慎言》等。

下聯「唐詩」指唐代詩人王勃、王維、王之煥、王昌齡等。「晉字」指晉代書法家王羲之、王獻之父子。「漢文章」指東漢哲學家、思想家王充，字仲任，浙江上虞人，少時遊學洛陽太學，博覽群書而不拘泥章句，一生致力於反對宗教神秘主義和唯心論，是中國古代著名的唯物主義無神論者，著有《論衡》一書。

再如，湖北一蕭氏祠堂有這樣一副楹聯：

漢代宗臣裔，梁朝帝子家。

上聯說的是西漢開國功臣蕭何，原為沛縣小吏，後隨漢高祖起兵，誅除暴秦，入據關中，在楚漢相爭中屢立戰功，漢高祖即位後，拜為丞相，建章立制，總攬朝政，是漢代第一名相；下聯說的是南北朝時梁武帝蕭衍，立國稱帝，劃江而治，建立了南梁王朝。江南蕭氏多為其裔孫衍派。蕭氏子孫遂以「漢代宗臣裔，梁朝帝子家」炫耀門庭。

又如，單于氏本為匈奴王族姓氏，久居朔方塞外，被視為蠻夷部族，但在漢代，與漢天子多次聯姻和親。為此，單于氏後裔遂撰成一副楹聯，以示其血統高貴，家世顯赫：

姻聯漢室，系出朔方。

又如，盧氏家族在魏晉、隋唐之際，一直是數一數二的名門望族，位列「崔盧李鄭王」五姓七族第二，因此，盧氏族人便撰寫了這樣一副楹聯，以示門第清高：

范陽名族，涿郡高楣。

仰慕先賢，緬懷列祖

有的家族將歷史上本姓氏、家族的英賢俊傑，名人鉅子的事蹟，凝練昇華，編撰成文，題詠鐫刻。舉凡王侯公卿、名臣武將、高人隱士、孝子節婦的言行事蹟，在姓氏楹聯中都有反映。

東漢名將馬武、馬援，大唐名相馬周、馬燧，前者以戰功顯赫，名垂青史，後者以文韜武略，拜相封侯，馬氏子孫，引以為榮，撰成兩副楹聯，以記其事：

雲台列像（馬武），銅柱標功（馬援）。
龍虎出谷（馬燧），鸞鳳沖霄（馬周）。

唐代林披，生有九子，俱官刺史，人稱「九龍」，號為「九牧林家」；其次子林藻與弟林蘊，均以文才著稱，人稱「雙桂」，更為林氏族人津津樂道，撰成一副楹聯，留傳至今：

九龍衍派（林披），雙桂遺風（林蘊）。

又如張氏，族大人多，英賢輩出。漢有大司馬、富平侯張安世，子孫七代俱為高官；唐有名相張九齡，不僅官高位重，而且才華出眾，著有《千秋金鑒錄》傳世。張氏裔孫十分敬慕，撰成楹聯，以記其事：

簪纓七葉（張安世），金鑒千秋（張九齡）。

報本思源，傳承世澤

報本思源，落葉歸根是炎黃子孫固有的傳統美德和文化情結，因而在姓氏楹聯及宗祠題銘中，不乏追源溯流、尊祖敬宗的佳作名句。如成都太平巷李氏，就以一副十分精粹的楹聯，記述了李氏自唐堯時世任理官，以官為氏（理變為李），周代李耳（老子）開宗立派的淵源所自，以及唐代臨淮王後裔，南遷閩粵，入居川中的遷徙歷史：

自唐及周，理官柱史遺恩遠，
由粵而蜀，祖德宗功沛澤長。

再如，安徽銅陵西王村王氏，則以一副長聯概括了王氏自周靈王太子晉（王子喬）得姓受氏之後，歷經兩漢、三國、唐宋各代由太原王到元城王、三槐王、銅陵王的基本脈絡，以及西村王氏支分派別、八股一祠、子孫昌盛、門第清白的家世淵源：

自東周受姓以來，功名及五侯三公，才學列七賢四傑，文韜武略，代有英豪，祖德溯淵源，俎豆馨香，凜凜乎秋霜春露；
從西村卜居而後，支系分千流萬派，睦宗合八股一祠，瓜衍椒繁，世相繼續，子孫慶昌熾，門庭清白，蒸蒸焉身顯家齊。

又如，印尼郭氏華僑系周文王之弟號叔後裔，為了報本思源，認祖歸宗，在雅加達郭氏大宗祠中便用了這樣一副楹聯：

姓氏自姬周西虢叔而彰，曆秦漢魏晉隋唐宋元明清，以迄乎今朝，奕葉相承，迭有賢豪興異代；

祠宇據印尼雅加達之勝，由高曾祖考伯仲昆季子孫，更傳於後世，一龕共祀，還期俎豆享千秋。

光前裕後，垂範千秋

姓氏楹聯，作為家族文化的一個組成部分，除了緬懷先賢、追溯家世淵源之外，還具有光前裕後、垂範子孫的教化功能，相當一部分宗支家族中，都有勸勉、訓誡子孫後裔的楹聯，寄託了列祖列宗祈求人丁興旺、事業有成的期望和祝願。

如清代名臣左宗棠，在為湖南湘陰左氏家族題寫的楹聯中，就以其親身閱歷、諄諄告誡後代子孫：

縱讀數千卷奇書，無實行，不為識字；

要守六百年家法，有善策，還是耕田。

表述了其歷經宦海沉浮、世態炎涼的心態，期望後世子孫耕讀傳家、身體力行的處世方略。

再如，貴州普定伍氏宗祠楹聯，則以孝悌和睦、詩書相繼為其祖宗遺訓，誡勉子孫：

必孝友乃可傳家，兄弟式好無他，即外侮何由而入；
惟詩書方能格後，子孫見聞只此，雖中才不致為非。

又如，江西萬載《張氏六支族譜》所錄楹聯，則勸勉子孫以「忠厚」為傳家之本，以「勤儉」為發家之道：

忠厚近魯愚，畢竟傳家在是；
勤儉似艱苦，須知奮跡由斯。

又如，湖南甯鄉箭樓黃氏祠堂，有一副楹聯，告誡子弟，須勤勞儉樸，居安思危：

念祖父勤勞，若作室，若稽田，燕子詒孫，總廑綢繆於風雨；
維桑梓恭敬，如臨深，如履薄，服疇食德，敢志陟降在庭階。

摭拾軼聞，載錄掌故

宗祠楹聯，家族題銘，多是某一姓氏的文化結晶，具有濃厚的家族特色。不少家族，往往將其族中的逸聞掌故、嘉言懿行或遺跡勝景撰成楹聯，以記其事。如弘農楊氏，漢時有太尉楊震，未仕時就讀於學堂，有鸛鳥銜三鱔魚飛集講堂，塾師取之進賀曰：「蛇、鱔者，卿大夫之服象也。數三者，法三台也，先生（指楊震）自此升矣。」後楊震任荊州刺史時，有故舊昌邑令王密，深夜帶十斤黃金送他，被楊震嚴詞拒絕，王密說：「我深夜而來，無人知曉。」楊震當即指斥他說：「天知、神知、我知、你知，怎麼說無人知道？」王密羞慚而退。後人便以他的這個典故，撰成一聯：

三鱔呈祥，四知傳家。

再如，宋代有學者周敦頤，性愛蓮花，築室於濂溪。曾作《愛蓮說》，推崇蓮花「出淤泥而不染，濯清漣而不妖」的品格。漢代有名將周亞夫，為太尉周勃之子，曾率軍駐守細柳。漢文帝親自前往視察，守門將士不得亞夫將令，不敢開寨迎駕，以治軍嚴整著稱。周氏後人便將這一文一武兩位名人的典故，撰寫成一聯，引以為榮：

愛蓮世澤，細柳家聲。

又如蘇氏，戰國時有洛陽人蘇秦，頭懸樑，錐刺股，發憤苦讀，終於學成縱橫之術，身佩六國相印。西漢時有蘇武，持節出使匈奴，被扣留於北海苦寒之地，十九年持漢節牧羊。匈奴多次勸降，均嚴詞拒絕，忠貞不屈。後人遂將蘇秦、蘇武二人典故撰成一聯，激勵後人：

引錐刺股，仗節全忠。

又如溫氏，為太原望族，晉懷帝時有溫羨兄弟六人，皆雄武才俊，深受朝野推重，號稱「溫氏六龍」，以「六龍堂」為堂號。唐代溫氏又有溫彥博、溫彥宏、溫彥將兄弟三人，均為一代名臣，人稱「溫氏三彥」，以「三彥堂」為堂號。後人撰成一副楹聯：

六龍家聲遠，三彥世澤長。

由於中華民族姓氏繁多，代有英賢，幾乎每個家族都有引以為榮的人物、典故，此類姓氏楹聯和宗祠題銘，真是數不勝數，難以一一列舉，是中華姓氏文化和家族文化中尚待開發、整理的一大寶庫。

區分班輩講派語，長幼有序論行第

字輩排行，是同一姓氏家族中按世系班輩、兄弟排行取名的一種習俗，即表明家族成員在血緣傳承的鏈條中所處的位置。字輩排行又稱派語、行第，是表示輩分高低、長幼序列的專用文字。如明代崇禎皇帝朱由檢與其兄朱由校，堂兄朱由榔、朱由崧等的姓名中共用一個「由」字，這個「由」字就是朱氏字輩之一，而「校、檢、榔、崧」每一字都帶有「木」字偏旁，表示這一輩取名按「金木水火土」五行輪回中的「木」字旁命名。

字輩譜的用字，一般是由開派之祖，即始遷祖定的，也有在纂修家譜時，合族議定，寫進譜書，具有法定的權威性。後裔子孫，依照字輩取名，一輩一字，世次分明。即使遷居他鄉異地，關山阻隔，年代久遠，支派浩繁，只要按照字輩譜取名，就可保證同宗血脈一氣貫通，班輩不亂。正如明代《太原郡王氏宗譜》所說：「行第原為合族定名分而設，使子子孫孫，承承繼繼，不致有干犯之嫌。故凡世家巨族，莫不皆然，事為至巨而非泛立也。」

字輩的社會功能與權利影響

字輩作為中國姓名系統中的重要組成部分，每一個姓都有自己的字輩譜，每個男性都有自己的字輩。它充當了宗族的世系鏈條和血緣紐帶，強有力地維繫了族姓集團、血親集團的等級身份秩序，表明了血緣關係生生不息、循序漸進的傳承。至今許多姓氏仍有自己的字輩譜，仍有一些家族、家庭按字輩取名，充分顯示了這種傳統文化的生命力和其重要的文化功能。

字輩、排行是以血緣關係為基礎的宗法制度及其等級觀念的產物。由於宗法制度的核心是嫡長子繼承制，只有嫡長子才天生具有對君權、族權、父權的繼承權利。因此，在宗法制度盛行的先秦時期，同父、同族兄弟之間的嫡庶、長幼的區別十分重要，兄弟排行重於輩分排行。先秦文獻典籍中常見表示兄弟長幼順序的用字：伯（孟）、仲、叔、季，而少見表示輩分的派語，往往只用「昭、穆」二字來區別其輩分及傳承關係。伯、仲、叔、季的兄弟排行，相當於後世老大、老二、老三、老四的稱呼，明確界定了其嫡長子與眾庶子的身份、地位。如周太王古公亶父的三個兒子分別叫「太伯、仲雍、季曆」，表明太伯為嫡長子，享有繼承權利。因幼弟季曆之子姬昌（即周文王）十分聰慧，富有才幹，太王欲傳位於姬昌，於是太伯、仲雍遠走荊蠻，斷髮文身，表示主動放棄權利，太王才傳位於季曆，再傳至姬昌。由此可見先秦時的兄弟排行十分重要，被看作事關君位傳承、宗族興亡的頭等大事。

輩分字的萌芽——東漢末年

輩分字的命名，萌芽於宗法制度解體的東漢末年，形成於魏晉南北朝時期，唐宋以來，日漸盛行，明清兩代形成定制，其發展軌跡與姓氏制度的發展密切相關。

如東漢末年荊州牧劉表有兩個兒子，分別叫劉琦、劉琮，二人名字都以「玉」字為偏旁；蜀後主劉禪的七個兒子，分別叫劉璿、劉瑤、劉琮、劉瓚、劉諶、劉恂、劉璩，其中五人名字中含有「玉」字，說明名字中表示輩分的現象已經出現。

輩分字的廣泛使用——魏晉南北朝

到魏晉南北朝時，輩分字的使用逐漸廣泛，尤其王侯貴族中使用輩分字已蔚然成風。如東晉豪門桓彝，其三個兒子叫豁、秘、沖，相互間無統一的字輩標誌。但到了第三代，即桓豁的六個兒子，分別取名：石虔、石秀、石民、石生、石綏、石康，「石」字成了他們的字輩標記。再如南朝宋武帝劉裕的七個兒子，分別叫義符、義真、義隆、義康、義恭、義宣、義季，以「義」字為輩分字；梁武帝蕭衍有八個兒子，分別名為：統、綜、綱、績、續、綸、繹、紀，都以「糸」字旁表示輩分。

輩分字的不被接受與格式不嚴謹——魏晉到隋唐

但是從魏晉到隋唐，在相當長的一段時間裡，字輩並不被人們普遍接受，自身也未形成嚴謹的格式，前後字輩間無明顯聯繫。如唐高祖李淵諸子多以「元」字為輩分標誌，有元吉、元霸、元慶、元景、元昌、元亨、元禮、元嘉、元祥、元則、元懿等一大串，但也有建成、世民、雲智、靈夔等例外。太宗諸子多從「心」字，如恪、愔、惲、慎等，但也有寬、治、泰、貞等例外。而且從「元」、從「心」都看不出前後世之間有什麼內在或外在的聯繫。到中晚唐時，字輩的使用日漸規範。如平定安史之亂的功臣郭子儀，其子侄輩都從「日」字，如晤、旰、映、曜、晞、昢、曖、曙、昕，孫子輩都從「金」：釗、銛、、鋼、鋒、鋭、錡、鑄等。

輩分字制度的完善——宋代

到宋代，由於程朱理學的盛行，「君臣父子」的倫理觀念深入人心，私家族譜的大量修纂，促使輩分字制度日趨完善，不僅同一輩分字要求統一，而且上下世系（即輩分）之間也要求有一定的內在聯繫和外部表徵。此時的輩分字不再是由父輩臨時確定，而是已形成了整個家族的輩分字序列，列入了宗祠、族譜的規範之內。如宋太祖趙匡胤的後代，其輩分字定為：德、惟、從、世、令、子、伯、師、希、與、孟、由、宜，每一輩占一個字。北宋名將楊業的八個兒子，分別叫延平、延定、延光、延輝、延昭、延郎、延興、延玉，均以延字排名。到南宋時，此風更盛，並吸收了「木火土金水，五德終始，五行相生」的理念。如南宋大儒朱熹，其父名松，五行占「木」字，朱熹本人從「火」，兒子朱塾、朱埜、朱在皆從「土」，孫子朱鉅、朱鈞、朱鑒等皆從「金」，曾孫朱洽、朱濟等皆從「水」。五代人占了五行相生的五個字，既能貫穿五代世系，又很容易區分五個輩分，實在是嚴謹、巧妙，頗具匠心。

五行字輩的特色繼承——元明兩代

元明兩代，繼承發展了這個姓氏文化特色。如明代皇室，自朱元璋以下，一概用五行字輩。明成祖朱棣一代從「木」，仁宗朱高熾一代從「火」，宣宗朱瞻基一代從「土」，英宗朱祁鎮、代宗朱祁鈺一代從「金」，憲宗朱見深一代從「水」。然後又是一個迴圈，到熹宗朱由校、思宗朱由檢（崇禎）時則是第三個迴圈開始。

字輩譜在明代發展的另一特點是，民間也開始普遍採用字輩譜的命名方式。如元末明初，與朱元璋同時代的福建學者吳海，在為《吳氏世譜》所作「譜例」中，就明確規定：「子孫名次，從水木火土金，行為一世，五行相生，迴圈無窮。」由此可見，最晚從元代起，民間已普遍採用了這種「以名系世」，預為子孫擬定字輩的做法。在傳世的明、清族譜中，也常可見到字輩的記載。

字輩譜的意義

通常，我們從一代又一代家族成員姓名中的每一個輩分字裡看不出有什麼深刻的含義，但縱觀字輩譜就會發現，字輩譜的排行、用字不僅僅是子孫後代血緣網絡圖，而且有著豐富的思想性和鮮明的時代特徵。其中以儒家宣揚的仁、義、忠、孝等觀念，在長期的封建社會裡受到特別推崇。於是，以此為內容的字輩譜甚多。如江西吉安縣梁氏的字輩譜為「道顯家必興，仁昌禮義乘」，把「道顯」看作「家興」的必然條件，把「仁」看作「至德」，而將「禮」與「義」歸結於「仁」之下。

「忠君」、「孝親」是封建時代倫理學說的主體，這在字輩譜中也有反映。如南昌羅家集韓氏的字輩譜「廷歲約用，惟君仁見」，強烈地表示只有國君才是效忠的物件。又如江西靖安熊氏的「孝友賢孫子」，及江西九江吳氏的「孝友禎祥集」二譜，充分表達了只有「孝」才能富貴安康的鮮明思想。

此外，作為儒家學說創始人的孔子、孟子，在中國傳統社會中歷來享有至高無上的地位，所以字輩譜中崇尚孔孟便佔有一定的內容。如南昌羅家集李氏的字輩譜「孔孟新傳日，一宗道光真」就是明顯的例子。

對祖先的頂禮膜拜，祈求祖先的保佑以使子孫後代繁榮昌盛，這種傳統的社會心態在字輩譜中也有反映。如江西省高安、奉新、靖安、九江等地的羅氏字輩譜「亨運會時來，賢嗣序昭穆」。「昭穆」是宗廟裡祖先的牌位排列次序，左昭右穆，代表祖先。

這兩句話的意思為交了好運一定不要忘了祖先，虔誠地祭祀祖先，就能交上好運，就能保佑興旺發達。又如江西靖安鍾氏的「子孫永昌，宗先富長，順龍有慶，發榮萬方」，意思是說，子孫永遠繁榮昌盛，是祖先恩澤綿延的結果。

另外，還有一些為當朝歌功頌德的字輩譜，如江西會昌縣肖氏「大元宏運興，開科登第顯」。肖氏字輩譜作於元朝，譜中把元朝稱為大元，感謝大元給肖氏帶來幸福，帶來家庭興旺，帶來及第榮耀。

在中國宗法制社會裡，「光宗耀祖，揚名顯親」是儒士們的奮鬥目標，是教育子女的行為準則。在他們看來，自己的生命是祖先給予的，自己取得的地位越高，就越是對祖先的忠孝。字輩譜中表現這一思想觀念的很多，如江西會昌縣麻川鄉林氏的「傳宗衍祥長，世代振家興」、湖南甯鄉謝氏的「光昌興宗德，富貴古流傳」就是典型的例子。又如江西龍南廖氏「紹庭為國瑞，興彩振家聲」，一個衣錦還鄉、光宗耀祖的世家形象躍然紙上。誠實可靠、忠厚老實是中國人歷來崇尚的美好品德，字輩譜中對這一民族性格極為推崇。如江西九江陽氏與馮氏的字輩譜中都有「永正大光明」一句，告誡後代要永遠光明磊落。

社會和平與穩定，是每一個時代人們安居樂業的基本條件，江西九江高氏「萬世愈昌寧，至道登朝貴」的字輩譜就表達了這種強烈的願望。再如江西瑞昌周氏的「洪宇慶升平」，表達了慶賀太平社會的喜悅心情。

字輩譜的訂定

字輩譜一般是由家庭中有權勢的或輩分高，有一定文化的人商量而定的，只有孔姓的字輩譜是由皇帝親自賜給的。元代，孔氏的第五十四代衍聖公孔思晦開始使用字輩，並定第五十五代為「克」，從第五十六代開始使用由元仁宗頒賜的字輩。即現在仍在使用的字輩譜：「興毓傳繼廣，昭憲慶繁祥，令德維垂佑，欽紹念顯揚。」後來，孔門的三大弟子孟軻、顏回、曾參三姓後裔也使用這一字輩，這四姓字輩譜稱為「通天譜」，即全世界的這四姓都用這套字輩。一九二〇年，孔氏續修宗譜時，第七十六代衍聖公孔令貽又續訂了八十六—一百零五代的字行：「建道敦安定，懋修肇益常，裕文煥景瑞，永錫世緒昌。」

作為中華姓氏文化形式之一的字輩譜，像一條連綿不斷的生命之鏈，將同姓、同宗族人緊密地貫通在一起，具有很強的凝聚力和向心力。

柒

古老的文化體系，新興的研究領域

歷代姓氏學概述及著錄提要

姓氏學是專門研究姓氏起源、發展歷史及其文化內涵和社會功能的傳統學科，也是與歷史學、社會學、人類學、民俗學、人口學、倫理學、譜牒學等多種學科相互交叉的綜合學科。由於它關乎「存亡繼絕」的大事，與每個人都息息相關，世世

代代延續相傳，一直受到社會各界的高度重視。歷朝歷代都有「奠世系，掌譜系」的專職機構，民間也十分注重「別婚姻，明繼嗣」的宗法禮儀。對姓氏的研究由來已久，代有傳人，形成了一個學人眾多、著述頗豐的文化體系。

官有專職掌譜系，代有著述傳後世

中華姓氏人人皆有，代代傳承，五千年來發展、演變得博大精深。依據中華姓氏發展的歷史脈絡和姓氏學研究的情況，大致可分為先秦及秦時期、兩漢時期、魏晉至隋唐時期、宋至明清，以及鴉片戰爭以後五個階段。

先秦及秦時期

根據文獻記載，早在先秦時期，就設有專門執掌帝王、諸侯血緣世系、姓氏傳承的史官。如周之史伯、魯之眾仲、晉之胥臣、鄭之公孫揮、楚之觀射父，均專司其事，「皆能探討本源，自炎、黃而下，如指諸掌」。三閭大夫屈原也是專掌楚國王族昭、屈、景三姓的官員，故而在其不朽的文學名著《離騷》的開篇首句即云：「帝高陽之苗裔兮，朕皇考曰伯庸。」追述自己的姓氏源流。秦時的《公子血脈譜》，也是載錄相關姓氏的專門著述。

然而，由於秦始皇焚書坑儒，使一大批珍貴的文獻資料付之一炬。我們現今所能見到的最早記載姓氏的著述，大概只有《帝系姓》和《世本》兩種，記錄了黃帝至春秋時期諸侯大夫的姓氏、世系及居邑。

此外在《尚書》、《詩經》、《春秋》、《左傳》、《禮記》、《國語》及《竹書紀年》等先秦典籍中，亦可尋覓到有關姓氏的蛛絲馬跡。其中《左傳》對姓氏的起源、類別及社會功能的論述，較為精闢、系統，有較高的學術價值。

兩漢時期

秦漢以來，中國進入封建社會的發展時期。由於秦滅六國，使大批世家貴族失去了原有的社會地位，同時也產生了大批新的統治階層。「因生賜姓，胙土命氏」、「姓別婚姻，氏明貴賤」的姓氏內涵和社會功能已失去原有的意義，姓氏通用，姓氏合一，已成為姓氏演變的一大特徵。

在這個時期，有關姓氏的著述，主要是對先秦時期姓氏文化的總結、回顧，以及對當時姓氏發展演變的記錄和論述。

如司馬遷《史記》就引述了《帝系姓》和《世本》中黃帝以來至春秋戰國時期，帝王、諸侯及卿大夫的姓氏、世系、居邑、名號等有關資料，並以「本紀」、「世家」、「世表」等體現，分門別類地記述了其姓氏源流、傳承世系及支派繁衍的基本史實和發展脈絡，是對先秦姓氏文化研究的高度概況和總結。

此外，為了適應當時社會對姓氏文化的需求，史遊以「三言詩」的形式，編寫的姓氏《急就篇》，列舉了當時流行的一百多個姓氏，成為中國歷史上第一部「姓名三字經」。

東漢以後，隨著門閥制度的形成，為了適應門閥世族特權階層的需要，由班固等編撰的《白虎通義》，王符撰寫的《潛夫論．志氏姓》，應劭編撰的《風俗通義．姓氏篇》等姓氏專著應運而生。這些著作宣揚了門閥世族的高貴血統，為豪強大族的聯宗敘譜提供了歷史依據，在姓氏文化研究中融入了濃厚的宗法色彩和等級觀念。

魏晉至隋唐時期

魏晉時期，以「九品中正制」選官任職，將士人劃分為九個等級，登記入簿，作為選用官吏的依據。各級政府設置譜官、譜局，負責姓氏、譜牒的登錄、編撰、厘定、收存。

當時，由官方編撰的「百家譜」或「百官譜」，既包括家族源流的傳承世系，又包括人物傳記，統稱為「姓氏簿狀」，具有公開的官方性質，必須得到朝廷的批准，否則視為非法。如摯虞撰寫的《族姓昭穆記》，是一部十卷本的姓氏巨著，成書後進呈朝廷，以「定品違法」，不准使用。

為了適應社會的需求，湧現出了一批專門從事姓氏譜牒研究的世家、大師。如被稱為「賈王之學」的賈弼、王僧孺即是其代表人物。東晉時，賈弼廣泛搜集當時的許多姓氏族譜，對十八州一百一十六郡世家大族的門第等級，予以具體劃分，編成《姓氏簿狀》，共七百一十二卷，由朝廷批准頒發，是當時最重要的官方巨著，成為選擇官吏的重要依據。此外，尚有南朝宋何承天的《姓苑》、齊王儉的《姓譜》、梁王僧孺的《百家譜》、徐勉的《百官譜》、北齊魏收的《魏書．官氏志》，都是這一時期的姓氏著作。

唐代，由於實行了科舉制度，魏晉以來的「九品中正制」完全廢棄，士家大族失去了以往的社會地位，一批新的權貴登上了政治舞臺，因此，也產生了對姓氏門第重新詮釋的社會需求。姓氏之學大盛，太宗李世民曾命高士廉、韋挺、岑文本、令狐德棻等編撰《氏族志》，鑒別世系，刊正姓氏。貞觀十二年（西元六三八年）書成，頒佈天下。這就是著名的《大唐氏族志》，可惜現在已佚失。根據史料記載，《大唐氏族志》共一百卷，收錄二百九十三姓，一千六百五十一家。其後官修的姓氏著作又有顯慶四年（西元六五九年）成書的《高宗姓氏錄》，收二百三十五姓，二千二百八十七家；開元二年（西元七一四年）由柳沖修訂的《大唐姓氏錄》一百卷，收錄姓氏有所增加。另外，還有賈至撰《百家類例》十卷，韋述撰《開元譜》，柳芳撰《永泰新譜》二十卷，張九齡撰《姓源韻譜》以及林寶撰《元和姓纂》等。

宋朝時期

宋代，隨著中央集權制的加強，以及隋、唐以來「九品中正制」的廢除和科舉制度的盛行，門閥世族制度完全衰落，官方已不再組織編修姓氏簿狀。但傳統的門第等級觀念仍根深蒂固，私家修譜之風悄然興起，姓氏譜牒之書仍大量刊行。主要有邵思的《姓解》、鄧名世的《古今姓氏書辯證》、王應麟的《姓氏急就篇》、鄭樵《通志·氏族略》、無名氏的《百家姓》、《千姓篇》以及丁維皋所撰的《皇朝百族譜》。其中《古今姓氏書辯證》和《通志·氏族略》，與唐代林寶的《元和姓纂》，堪稱今古姓氏研究的三大名著。另外，在由北宋歐陽修、宋祁等人編撰的《新唐書》中的《宰相世系表》及《宗室世系表》裡，也有關於姓氏來歷和各家譜系的記載。

北宋人所編的《百家姓》應當看作中華姓氏研究的重要成果。其中收錄了中國古今四百多個姓氏，並對各個姓氏的郡望分佈作了考證，千百年來在中國民間廣泛流傳，成為有影響的啟蒙讀物。

明清時期

明清之際是中國封建社會沒落時期。從漢代開始的姓氏學、譜牒學的研究，經過宋元兩代的興衰變異，至明清似有迴光返照之勢。這時期較之遼、金、元出現了更多的姓氏學、譜牒學著作，如明代有《續通考》，清代有《續通志》、《清朝文獻通考》、《八旗滿洲氏族通譜》等。其中《八旗滿洲氏族通譜》是一部比較全面、系統地論述北方諸民族姓氏的巨著，該書共八十卷，雍正十三年（西元一七三五年）敕撰，乾隆九年（西元一七四四年）告成。書中對滿族等北方各族的源流世系、世居地方，以及歸附滿洲（女真）年月做了詳細記載。《清朝通志》原稱《皇朝通志》共一百二十六卷，另有總目、凡例，系乾隆三十二年敕撰。本書《氏族略》為十卷，首載愛新覺羅氏，第二至五卷為滿洲八旗姓，第六卷為蒙古八旗姓，第七卷為附載滿洲八旗姓，第八卷為滿洲八旗內高麗、漢人姓氏，第九卷為漢姓，第十卷為總論，記載賜氏、改氏、以部為氏、以地為氏、以姓為氏、同姓異氏等情況。以上二書是明清以來重要的官修姓氏書，對北方各族姓氏的研究頗有參考價值。私家修撰的姓氏著作有：陳湘的《姓林》、夏樹芳的《奇姓通》、陳廷煒的《姓氏考略》、黃本驥的《姓氏解紛》、顏光敏的《姓氏考》、張澍的《姓氏尋源》等。

此外，在明清兩代的文集筆記、類鈔、雜錄等著述中，也載錄了不少有關姓氏的文獻史料。如錢大昕的《十駕齋養心錄》、顧炎武的《日知錄》、趙翼的《陔余叢考》、徐珂的《清稗類鈔》、章學誠的《文史通義》等，多是學者大家的治學心得，其中部分篇章從不同角度對歷代姓氏進行了收集、整理、考辨，對近代姓氏學研究有很大的啟迪。

鴉片戰爭以後

一八四〇年鴉片戰爭後，中國逐漸變成了半殖民地半封建社會，但封建宗法思想作為社會的統治思想，還很頑固，因而姓氏研究的狀況基本上未發生大的變化。這一時期學術文化領域出現了「經世致用」、維新改良和辯證唯物主義等思想，對姓氏研究產生了不可忽視的影響。例如維新派人物譚嗣同在就義前，撰作四卷本《瀏陽譚氏譜》，對譜學、姓氏學的意義和研究方法，進行了不同以往的闡述。譚嗣同在其《瀏陽譚氏譜》序列中指出「斯譜牒之學，史之根淵，何啻支流餘裔」，把姓氏譜牒與史學結合起來，認為歷史「不能不賴乎譜」。

另一位維新派人物梁啟超在《飲冰室合集》第十八冊中對姓氏的起源、發展以及歷代命名的沿革進行了較為系統的解釋。他認為「今世姓氏同物，古則不然……姓為母系時代產物，氏為父系成立以後產物，姓久已亡，今所謂姓，皆以氏而冒稱耳。」梁啟超認為「氏蓋部落之稱」，鄭樵的三十二種分類「不免瑣碎」。他提出周代受氏之途有四：其一，天子以命諸侯，以國為氏；其二，侯國之支庶，以王父字為氏；其三，世其官者，以官為氏；其四，有采邑者，以邑為氏。此類氏始於周代，與封建宗法相輔。

二十世紀三〇年代左右，在中華姓氏研究中值得一提的是潘光旦的《中國家譜略史》。此書簡略地介紹自古以來中國譜學的發展狀況，比較全面地記載了歷代譜學作品以及它們的編撰和修訂情況，對從姓氏學角度研究問題有一定的參考價值。

此外，潘光旦先生還在《新月》雜誌第二十卷十一期上《姓、婚姻、家庭的存廢問題》一文中，對姓氏文化提出了自己的見解。他認為姓在中國至少有三千年的歷史，姓分為氏，氏分為族，後來又統稱為姓，此中變遷並不是憑空的，並不是少數人有權力強制命定的，實在是各時代裡政治的、經濟的，甚至於是自然環境與生物的種種因素推移鼓蕩而成的。

自二十世紀五〇年代以來，在極「左」思想的影響下，姓氏文化研究受到冷遇，譜牒學研究被視為禁區，在五、六十年代只有極少數的論著。如五〇年代初期，丁山在《新建設》第三卷第六期發表了《姓與氏》一文，依據恩格斯《家庭、私有制和國家的起源》的理論觀點，對中國的姓氏進行了論述。陳夢家的《殷墟卜辭綜述》，也對姓氏問題進行了考證。在他看來，「姓是出於同一遠祖的血緣集團的名稱」；「氏是西周和春秋時貴族所特有的徽號」。

進入二十世紀八〇年代後期，隨著中國改革開放的深入，許多人在想法理念等有了新的改變，特別是隨著海外僑胞和臺灣尋根熱的興起，姓氏譜牒文化研究勃然興起。各種姓氏研究會應運而生，有關姓氏研究的著述相繼問世。就目前所掌握的情況來看，大體可分為四種類型。

一、**辭書性的著作**：如袁義達、杜若甫的《中華姓氏大辭典》，竇學田的《中華古今姓氏大辭典》，汪宗虎、陳明遠的《中國姓氏辭典》，石玉新、徐俊元、張占軍的《華夏姓氏考》，巫聲惠的《中華姓氏大典》等。

二、**對某一姓氏的專門研究**：已出版的有海南出版社、湖南出版社的《中華姓氏通書》，東方出版社的《中華姓氏通史》，現代出版社的《中華姓氏譜》，廣西人民出版社的《華夏姓氏叢書》，新蕾出版社的《百家姓書系》，氣象出版社的《尋根認祖》，山東人民出版社的《中華名門望族叢書》，陝西人民出版社的《百家姓書庫》，上海文藝出版社的《吾祖．吾宗》。以上各叢書的特色是一姓一本，對各姓氏作了深入系統的研究，對進一步深化姓氏學研究有一定的推動作用。

三、**有關姓名學、姓氏學等各種專業著述**：如張聯芳主編的《中國人的姓名》、袁玉騮的《中國姓名學》、何曉明的《姓名與中國文化》、完顏紹元的《中國姓名文化》和《姓氏百問》、劉宗迪的《姓氏名號面面觀》、潘英的《臺灣人的祖籍與姓氏分佈》、陳連慶的《中國古代少數民族姓氏研究》、魏德新的《中國回族姓氏溯源》、納日碧力戈的《姓名說》、雁俠（趙豔霞）的《中國早期姓氏制度研究》、王泉根的《中國姓氏文化解析》、李吉的《姓氏總論》。

四、**綜合性、通俗性的姓氏叢書**：如高劍峰編著的《中國 100 大姓》、謝鈞祥主編的《中原尋根》、徐寒主編的《中華百家姓秘典》、李文鄭編著的《中華姓氏對聯鑒賞》等。

學海擷英多珍品，提要著錄共賞析

中國歷代姓氏學著述豐富多彩，博大精深，是中華傳統文化寶庫中有待開發整理研究的瑰寶，根據有關專家學者統計，古今姓氏學著述多達三百餘部。現從歷代姓氏學著述和近年來的研究成果中選取部分學術性較高、影響較大、常見常用的幾種作一簡要介紹。

《世本》

《世本》為中國第一部，也是世界第一部系統性的姓氏、譜牒學著作。《漢書．藝文志．六藝略》著錄有《世本》十五篇，內容有帝系、傳譜、氏姓等，記錄了黃帝以來迄於戰國時期帝王諸侯及卿大夫的世系、謚號等。可惜《世本》原書在宋代散佚，清代有八種輯本，其中以雷學琪、茆泮林兩種輯本較佳。

關於《世本》的作者有兩種說法。一說為戰國時期史官所作，託名為左丘明所撰。西漢劉向說：「《世本》，古史官明於古事者之所記也。錄黃帝以來帝王諸侯及卿大夫系、謚、名號，凡十五篇也。」劉向之說，漢魏學者大多認同。近代學者也多從此說。另一說成書於漢代初年。唐代劉知幾在其《史通．正史篇》中稱：「楚漢之際有好事者，錄自古帝王公卿大夫之世，終乎秦末，號曰《世本》。」因當時《世本》原書尚存，劉知幾又為著名史學家，可能得見全書原貌。而該書中所記姓氏「終於秦末」，其成書年代當在漢初。

《世本》一書的主要內容，顧名思義，「世」就是世系，「本」就是本源。《世本》二字的含義就是追溯世系的本源及其傳承原委。它記錄了自三皇五帝一直到春秋戰國，迄於秦末的歷代帝王諸侯、卿大夫的姓氏起源、世系傳承、分支衍派、遷居本末、生前創制、死後名號，以及其他事蹟，集各代、各家分散的世系於一書，使之流傳後世，是姓氏譜牒學的開山之作，後世的姓氏學家、譜牒學家、歷史學家及先秦史研究的眾多學者，莫不以此書為必備的參考文獻，也多由此書作為研究的切入點和解析淵源。因此《世本》既是中國先秦史的文獻寶庫，也是中國古代集王侯顯貴家族世系、譜牒大成的總結性著作，是後代從事姓氏譜牒學研究宗師、祖述的開山之作，在中華姓氏譜牒學史上具有承前啟後的奠基作用和示範作用，標誌中國的姓氏譜牒學研究已初現端倪。

戲彩娛親

拾桑供母

扇枕溫衾

湧泉臥鯉

聞雷泣墓

刻木事親

哭竹生筍

滌親溺器

《急就篇》

《急就篇》為西漢元帝時黃門令史遊所撰。原本為三十二章，後兩章《齊國》、《山陽》為後漢人所加，故新本為三十四章。漢代為中華姓氏體系基本確立的重要時期，姓氏學研究已初具規模。如《史記》一書就曾記有大量關於姓氏的資料。史游作為漢元帝時黃門令，為適應朝野姓氏文化的需求，撰寫了該書。書中所列姓氏一百三十姓，共二千零十六字，除了開頭六句開場白外，以下就是以「三言詩」的形式編排的漢代百家姓：

「宋延年，鄭子方。衛益壽，史步昌。周千秋，趙孺卿。爰（袁）展世，高辟兵。鄧萬歲，秦眇房。郝利親，馮漢彊（強）。戴護郡，景君明。董奉德，桓賢良。任逢時，侯仲郎。由廣國，榮惠常。烏承祿，令狐橫……程忠信，吳仲皇。許終古，賈友倉。陳元始，韓魏唐。掖容調，柏杜楊。曹富貴，尹李桑。蕭彭祖，屈宗談……。」

從上述引文，可看出該書的幾大特點。

一、除了少數幾個雙音複姓（如令狐）外，大多採用了單音姓、雙音名的形式，反映了漢代民間開始流行的姓名形式。

二、在三字姓名中，第二、三個字也往往是當時的姓氏，如方、常、魏、唐、杜、陽、尹、桑等，這樣《急就篇》實際所收姓氏不僅一百三十個，而是二百多個姓氏。

三、《急就篇》中的姓氏大都收入了宋代編撰的《百家姓》，是中國第一部「姓名三字經」，對宋代《百家姓》有很大影響。

《元和姓纂》

該書由唐代林寶撰。林寶為唐憲宗時濟南人，官居朝議郎、太常傅士。該書因成於憲宗元和七年，故名《元和姓纂》。其內容先列皇族李氏，余者依唐韻二百零六部，分別排列，每韻之內以大姓為首，記載姓氏來歷及各家譜系，對唐人姓氏尤為詳盡，共計收錄姓氏一千二百三十二個。

書中論得姓受氏之初，多源於《世本》、《風俗通》，並引證《世本族姓記》、《三輔決錄》、《百家譜》、《英賢傳》、《姓源韻譜》、《姓苑》諸書，旁徵博引，資料巨集富。宋代鄭樵所作《通志．氏族略》，多取材於該書，足見此書對後世姓氏學研究影響甚大。但林寶編寫該書，歷時僅二百餘天，其考辨、援引尚有謬誤、缺漏之處。且當時矜尚門第之風盛行，取材多根據各家譜牒陳述，附會攀援，均所不免，故宋洪邁《容齋隨筆》稱：「元和姓纂，誕妄最多。」

《元和姓纂》原書在宋代已佚，今存本系清代孫星衍和洪瑩從《永樂大典》中輯出，並以《古今姓氏書辯證》所引各條補其缺失，分為十八卷。今人岑仲勉撰有《元和姓纂四校記》，對該書大有糾謬、補缺之功效。

《百家姓》

家喻戶曉的《百家姓》，是北宋以來就在民間廣為流傳並有深刻影響的啟蒙讀物，距今已有近千年的歷史。

《百家姓》為何人所作、成書於何時，未有定論。學術界較為一致的看法是：該書在宋代以前就有底本，北宋初年由吳越地區的某位元老儒生編輯加工而成。同時分析該書開篇首句「趙錢孫李」，是因為「趙」為宋朝國姓，「錢」則是吳越王錢鏐的姓氏，「孫」為吳越王妃的姓氏，「李」則是取自南唐李氏的姓氏。

該書收錄姓氏四百四十個，編為四言韻文，但無文理可循，舊時作為啟蒙讀物。一千年來，《百家姓》翻印多次，版本眾多，並有各種《續百家姓》、《增廣百家姓》等先後問世。明、清兩代學者曾對《百家姓》進行討論考證，其中以康熙初年山東琅琊人王相所著《百家姓考略》影響較大。《百家姓考略》對《百家姓》所列姓氏先注五音、郡望，而後考其姓源所出，並列舉各姓著名人物，有一定的學術價值。

現存最早的《百家姓》版本有元代至元刊本和泰定刊本。而現代較為通行的則是清代的《增廣百家姓》，其中共收錄姓氏五百零四個，其中單姓四百四十四個，複姓六十個，大體上包括了日常通用的姓氏，有較大的實用價值。

《古今姓氏書辯證》

宋代鄧名世撰，其子椿袞補成。本書共四十卷。作者對《元和姓纂》一書採錄、考辨尤為詳博，同時又以《熙寧姓纂》、《宋百官公卿家譜》二書互為參校，往往足以補史傳之不足，對有關姓氏著作，取其長而辨其誤，故名《古今姓氏書辯證》。

該書從北宋政和年間即開始著手編撰，成書於南宋紹興四年（西元一一三四年），父子相繼歷時二十餘年，所以比其他姓氏著作較為詳細、精確。原書久已散佚，今存本系乾隆年間從《永樂大典》中輯出，仍為四十卷，保留了原書的內容、風貌，是研究姓氏文化不可缺少的重要著作。

《通志．氏族略》

南宋著名史學家鄭樵撰，宋高宗紹興三十一年（西元一一六一年）成書。《通志》為通史性的志書，共二百卷，其中《氏族略》為考辨、論述姓氏的專著，共收錄姓氏二千二百五十五個。該書參閱《元和姓纂》，將姓氏以其起源分為三十二類，綴以總論，附以四聲，並列舉姓氏混淆實例十二種，旁徵博引，考釋甚詳。尤其是總論十三篇，對姓氏作了系統的學術探討，對中華姓氏源流、氏族分合及世系衍派均有較詳盡論述，在中華姓氏學研究中有很高的學術價值，凡研討姓氏文化者均以其為必讀之書。

流傳甚廣的《百家姓》一書中，所收五百零四姓，其姓氏源流的分類，均可歸入《氏族略》所列三十二類之中。該書在姓氏學中的地位和影響，於此可見一斑。

此外，鄭樵還著有《氏族志》、《氏族源》及《氏族韻》等相關的姓氏學專著，是中華姓氏學研究中承前啟後的著名學者。

《古今萬姓統譜》

本書簡稱《萬姓統譜》，俗稱《萬家姓》，明代萬曆年間淩迪知撰，共計一百四十卷，收錄姓氏三千七百多個。該書將古今姓氏分韻編排，以姓氏為目次，每姓下先注郡望和五音（陰平、陽平、上聲、去聲、入聲），並考姓氏所出，而後依時代先後，分列各姓著名人物，從古代至萬曆年止，記述人物生平事蹟，實則合譜牒、傳記共成一書。因其收羅廣博，既可為姓氏學專著，又可作為查閱歷史人名的工具書，所以有較高的學術價值和實用價值。

《千家姓文》

俗稱《千家姓》，是民間流傳較為廣泛的姓氏學通俗著作之一，清代崔冕撰。崔冕，字貢收，安徽巢縣人，鑒於民間流傳之《百家姓》文義不詳，搜羅不廣，所以博采史書、譜傳，收錄單姓九百七十二個，複姓三十四個，共計一千零六姓，撰成此書。

該書依照漢代史遊《急就篇》及宋代王應麟《姓氏急就篇》二書體例，以姓氏諸字編排成章，以便記誦，文辭也較為典雅。此書後由冒國柱加以注釋，並於姓氏下注明某代有某人，但未注明出處。

《史姓韻編》

清代鮑廷博、汪輝祖等撰，共六十四卷。該書將二十四史中人物列傳、附傳中的人物，標姓匯錄，依韻分編，並敘述其生平梗概以便翻檢查閱，因而是閱讀二十四史人物傳記的輔助性工具書。該書客觀上起到了「兼詳世系」的作用，其性質與明代淩迪知所編《古今萬姓統譜》相似，但搜羅內容不如《古今萬姓統譜》廣博。

《姓氏尋源》

清代張澍編撰。張澍，甘肅武威人，字時霖，號介侯，嘉慶進士，著有《姓氏尋源》《姓氏辨誤》等「姓氏五書」三百餘卷，以《姓氏尋源》最為詳博。《姓氏尋源》共四十五卷，收錄姓氏近四千個，依韻分編。該書在吸取歷代姓氏書精華的基礎上，廣征博引，不僅搜集了經史、文集、州郡方志、族譜、家乘中的相關資料，而且對碑銘、墓誌、金石題銘、稗官野史，甚至醫藥經典中有關姓氏的資料也收錄採輯，詳細考證。每個姓氏之下，都引證相關文獻，詳述其姓氏起源、發展脈絡，及其在歷史上有影響的代表人物。對生僻姓氏給予注音，對尚有爭議的姓源，諸說並列，旁參舊聞，給予考證。張澍治學嚴謹，言必有據，引證的經史文集達數百種之多。讀者不僅能從中知曉、辨識各姓之淵源、世系，支派遷徙，而且能領略中華姓氏學的博大精深，是姓氏研究工作者不可不讀的經典之一。該書由張氏自刊於道光戊戌年間（西元一八三八年），一九九一年由嶽麓書社點校印行。

《中華姓氏大辭典》

該書由中國科學院遺傳研究所杜若甫、袁義達編著，教育科學出版社一九九六年十月初版，是當今姓氏辭典中最為廣博、最為權威的著作之一。該書共收錄古今姓氏一萬一千九百六十九個，是根據一九八二年第四次全中國人口普查資料，按兩千分之一的比例，隨機抽樣調查了二百九十七個縣市、五十七萬餘人的姓氏資料，以及一百二十三個縣（市）史志辦公室提供的最新姓氏統計資料（約五千七百萬人），同時參閱了三百二十餘種古今姓氏書及文史資料，綜合統計所得。其姓氏統計的全面性、準確性、系統性、科學性堪稱中華姓氏研究史的創舉。

該書從姓氏人口的地域分佈，各大姓氏所占比例，不同時期姓氏出現頻率等人類遺傳學和人口學的全新角度切入，運用現代數理統計和分析比較的方法，對當代中華姓氏人口的分佈、比例、播遷演變、發展交融等方面進行綜合統計，比較分析，得出了當今一百二十個大姓的人口比例，排列出三百個姓氏次序，對姓氏人口的多學科研究有相當大的參考價值。

該書編纂體例新穎，內容豐富，各姓氏依中文拼音音序排列，每一姓氏條目下分為：音（讀音）、源（起源）、變（演變）、望（郡望）、布（分佈）、人（始祖、名人）、它（其他）、綜（綜合）等八項內容，涵括了姓氏文化的主要項目。

因該書具有以上特色，因而深受姓氏研究人員和社會各階層人士的歡迎和推崇，是從事姓氏研究必備的工具書之一。

《中華姓氏大典》

該書由巫聲惠編著，河北人民出版社二〇〇〇年六月出版，是一部傳統的大型姓氏辭典。該書共收錄古今姓氏七千多個，以傳統的部首筆劃編排（書後附錄有音序檢索），先單姓，後複姓。條目釋文包括「主要資料」、「補充資料」、「按語」三大部分。「主要資料」是擷取、匯錄了唐宋以來的主要姓氏文獻資料，或者全文引用，或者節錄，使讀者可以領略原文、原著的精要，自己咀嚼、體味。「補充資料」則彙集了先秦典籍、歷代史志、文集雜錄及近現代相關文獻。一冊在手，概覽古今，融匯百家，使用者省時、省力，十分方便，也可彌補個人藏書的不足。但因篇幅所限，「資料」較為簡略，有時因技術原因，偶有失誤和漏字等現象，從事專題研究時，應查對原著原文。「按語」則是編著者的辨析和綜述，往往有獨到的見解，有助於讀者加深理解。

該書的前言和按語均有相當的學術價值，其中的「中華姓氏總論」是作者多年的研究心得，由其可見作者的治學功力。「中華歷代主要姓氏集團表」精要地勾勒出中華古今姓氏淵源、派別，傳承譜系及相互關係，具有知識性、可讀性等諸多優點。

《中國姓氏文化解析》

王泉根著，團結出版社二〇〇〇年一月出版，全書共七章約二十萬字。該書是一部「深具創見，可讀性強」的學術專著，它以中國歷史發展的不同時代為背景，以中華傳統文化的特色為注腳，解析了中華姓氏的發展規律和文化現象，該書認為：原始圖騰崇拜是中華古姓起源的根本原因。「姓」的本義是源於同一女姓始祖的、具有共同血緣關係的族屬所共有的符號標誌。中國的姓氏制度確立於秦漢之際，由「姓氏相別」到「姓氏合一」，是中華姓氏來源的基本途徑。魏晉六朝的門閥造成了姓氏貴賤之別，而相容並包的華夏文化和民族交融，則形成中華姓氏的民族特色。中華姓氏史是中華各民族共同創造，共同演進的歷史，是我們透視社會，認知歷史的微觀視窗，是炎黃子孫認同中華文明，增強民族凝聚力、向心力的橋樑紐帶。

該書的最大特色是注重學術性與通俗性的有機結合，每一個學術觀點都以形象鮮活的歷史事例來解析，對姓氏文化的研究和普及都有相當的促進作用，是姓氏文化研究中尚不多見的精品之作。

《中國早期姓氏制度研究》

雁俠（趙豔霞）著，天津古籍出版社一九九六年八月出版，全書十五萬字。作者認為，姓氏學作為一門獨立的學科，還處於草創階段。姓氏制度的研究在姓氏學中佔有重要地位。先秦姓氏制度是中華姓氏制度的產生和早期階段，是姓氏學研究中的重大課題。而歷代姓氏學著述和研究的目的，在於「贊聖賢之後」，多為門閥服務，因而對先秦姓氏制度的研究沒有實質性的突破。因此，作者用了整整四年時間，系統地綜合分析了大量古籍文獻和古文字中有關資料，運用現代科學理論、方法及考古成果，深入探討了姓、氏的本質及中華姓氏制度的起源、早期發展演變及歷史作用等姓氏學研究中的諸多難點問題，在某些方面提出了自己的獨特見解。其中主要是對姓、氏本質的研究，認為姓與氏兩者既有共同特點和內在聯繫，也有本質上的區別：「姓主要是屬於血緣性的，氏則更多屬於政治性的。」同時對有關五帝時期姓氏制度的傳說、商周姓氏制度的演變提出了新的見解，是研究先秦姓氏制度與姓氏起源的重要著述。

《中華百家姓秘典》

徐寒主編，延邊大學出版社一九九九年十月出版。全書共分四卷，計三百五十萬字，內容浩繁，涉及面較廣，是綜合性的、通俗性的姓氏讀物代表作之一。該書分編為三大部分。

第一部分：「百家姓姓氏解密大尋蹤」選取了當今人口最多的中華一百大姓，以「趙錢孫李、周吳鄭王」的《百家姓》讀本次序排列，不入一百大姓者，略而不計。每一姓氏分別從姓氏的「起源發展」，氏族的「宗堂郡望」，各姓的「家譜尋蹤」、「字行輩分」、「遷徙繁衍」、「適用楹聯」、「名人集粹」、「風流擷英」等方面加以介紹、評述，展示各姓氏文化的內涵及風格、特點。

第二部分：「百家姓氏族文化秘考大博覽」，分別從「命名藝術探秘」「家法族規揭秘」、「宗祠故居縱覽」、「姓氏字頻考證」等方面，對姓氏家族文化相關的各個領域和常識進行專題介紹。

第三部分：「百家姓姓氏增補探微舉要」精選當今一百個常用姓氏之外的三百個姓氏予以介紹，基本上是傳世的《增廣百家姓》讀本所含姓氏。

底蘊深厚遺產豐，開發拓展新領域

中華姓氏是歷史發展的產物，必然會順應歷史潮流與時俱進。二十世紀八〇年代以來，隨著傳統文化的復興和新學科的開拓，姓氏研究也呈現出多學科綜合研究、不斷開拓創新的勢頭，主要表現在以下幾個方面。

人口統計學和人類遺傳學研究

在二十世紀八〇年代，有關姓氏的人口統計工作已經開始。一九八四年中國文字改革委員會依據一九八二年全中國人口普查資料，進行分省區抽樣調查，共抽查十七萬四千九百人，得到姓氏七百三十七個。一九八六年，中國科學院遺傳研究所對這些普查資料進行抽樣調查，隨機取樣的縣市達二百九十七個，五十七萬餘人，並參閱了一百二十三個縣（市）史志辦公室所提供的最新姓氏統計資料（約五千七百萬人），以及三百多部古今文獻，共搜集到中國古今漢字姓氏一萬一千九百六十九個。這是中國歷史上第一次大規模、有組織的姓氏人口學調查統計，也是當前最權威的人口姓氏統計。

嗣後，袁義達、張誠二位先生又於二〇〇二年推出了《中國姓氏：群體遺傳和人口分佈》（華東師範大學出版社）研究成果，該書共上、下兩編，上編四章介紹姓氏的起源和群體遺傳學的相關內容，下編七章敘述中國一百個大姓的歷史、分佈和圖譜。這是中國第一部從人類遺傳學角度進行姓氏研究的成功範例。

此外，由秦耀普主編的《山西人口姓氏大全》（山西經濟出版社一九九一年六月第一版），由李玉文編著的《山西近現代人口統計與研究》（中國經濟出版社一九九二年二月第一版）、由潘英編著的《臺灣人的祖籍與姓氏分佈》（台原出版社一九九一年版）也是有關姓氏人口統計學的相關著述。

民族源流與區域姓氏研究

這一方面的研究，以何光岳先生用力最勤，成果最豐，自成體系。何先生以數十年的精力，廣徵博引，搜羅梳剔，不僅從經傳史籍中搜集了大量有關民族源流、姓氏譜系的寶貴資料，而且引證了岩畫、岩文、陶文、帛文、甲骨文、金石文、簡牘文及考古發現，對中華民族數千年的姓氏譜系、民族源流進行了系統的綜合性研究，先後出版了《炎黃源流史》、《南蠻源流史》、《百越源流史》、《楚源流史》、《東夷源流史》、《夏源流史》、《商源流史》、《周源流史》、《秦趙源流史》、《漢源流史》（均為江西教育出版社出版）等數百萬字的中華民族源流史叢書，對構成中華民族的數千個姓氏譜系追源溯流，分類統屬，以姓氏源流、民族譜系的形式，展示了中華傳統文化多元一體、連續傳承的兩大特色，再現了五千年華夏文明。

該叢書最大的特色，是大量地引用論證了一向被傳統史學、儒家經典貶斥鄙薄的緯書稗史、野老之言，使這些塵封遺棄多年的珍稀資料展現出其歷史價值和科學內涵，運用「經、緯並重」的「兩條腿走路」方法，填補了許多史學研究的空白，開創了姓氏譜系和民族源流史研究的新型體系。

此外，馬世之先生的《中原古國歷史與文化》，以歷史為經，以地域為緯，以歷史文獻學、考古新發現為據，系統地論述了中原地區（主要是河南）、黃河中下游，淮河上游諸流域內古代方國、部族及相關姓氏的興衰歷史、發展脈絡和歷史文化遺跡，是區域姓氏學研究的代表，具有較高的學術價值。

姓氏尋根與旅遊開發研究

這是二十世紀九〇年代以來興起的與姓氏研究密切相關的新興領域。自二十世紀八〇年代全球尋根熱興起之後，姓氏尋根成了各地發展旅遊經濟、開發人文歷史資源的重要內容，舉凡中華姓氏的發祥祖地、名人故居、宗祠陵墓，都成了炙手可熱的開發專案。許多地方政府均將其視為提高本地區社會形象、振興社會經濟、促進中外文化交流的一項重要內容，投入大量人力、物力予以開發，也收到了一些預期的效益，如河南太昊陵、陝西黃帝陵、湖南炎帝陵、臨汾堯廟、洪洞大槐樹等都成為海內外炎黃子孫尋根謁祖、旅遊觀光的勝地。至於山西靈石的王家大院、甘肅隴西的李氏龍宮、鄭州滎陽的鄭氏祖庭、無錫梅村的太伯祖廟等某一個姓氏的尋根祖地，更是多不勝數。各個姓氏的宗親社團和姓氏尋根網站應運而生。姓氏尋根已成為弘揚中華傳統文化、發展旅遊經濟、開發人文資源的一道靚麗風景。

為了應對這種社會需求，姓氏類圖書的出版形成一股熱潮。根據不完全統計，從一九八〇年到二〇〇五年，正式出版的姓氏類著述達二百餘種，約占歷代姓氏學著述總數的百分之六十以上，是歷朝歷代無法比擬的。儘管這些姓氏類圖書良莠不齊，雷同重複的現象不少，但由於中華姓氏眾多，人口龐大，此類圖書仍然供不應求。我們期待更多的姓氏類精品圖書問世，也期待著姓氏學研究向跨學科、多領域縱深發展，不斷開拓創新，為弘揚中華傳統文化，促進社會主義文明建設，構建和諧社會作出新的貢獻。

附錄

百家姓

趙錢孫李	周吳鄭王	馮陳褚衛	蔣沈韓楊
朱秦尤許	何呂施張	孔曹嚴華	金魏陶姜
戚謝鄒喻	柏水竇章	雲蘇潘葛	奚范彭郎
魯韋昌馬	苗鳳花方	俞任袁柳	酆鮑史唐
費廉岑薛	雷賀倪湯	滕殷羅畢	郝鄔安常
樂于時傅	皮卞齊康	伍余元卜	顧孟平黃
和穆蕭尹	姚邵湛汪	祁毛禹狄	米貝明臧
計伏成戴	談宋茅龐	熊紀舒屈	項祝董梁
杜阮藍閔	席季麻強	賈路婁危	江童顏郭
梅盛林刁	鍾徐邱駱	高夏蔡田	樊胡淩霍
虞萬支柯	昝管盧莫	經房裘繆	干解應宗

丁宣賁鄧	程嵇邢滑	芮羿儲靳	牧隗山谷	甯仇欒暴	葉幸司韶	索咸籍賴	聞莘党翟	郤璩桑桂	溫別莊晏	向古易慎	匡國文寇	師鞏厙聶	曾毋沙乜	游竺權逯	夏侯諸葛
郁單杭洪	裴陸榮翁	汲邴糜松	車侯宓蓬	甘鈄厲戎	郜黎薊薄	卓藺屠蒙	譚貢勞逄	濮牛壽通	柴瞿閻充	戈廖庾終	廣祿闕東	晁勾敖融	養鞠須豐	蓋益桓公	聞人東方
包諸左石	荀羊于惠	井段富巫	全郗班仰	祖武符劉	印宿白懷	池喬陰鬱	姬申扶堵	邊扈燕冀	慕連茹習	暨居衡步	毆殳沃利	冷訾辛闞	巢關蒯相	万俟司馬	赫連皇甫
崔吉鈕龔	甄曲家封	烏焦巴弓	秋仲伊宮	景詹束龍	蒲邰從鄂	胥能蒼雙	冉宰酈雍	郟浦尚農	宦艾魚容	都耿滿弘	蔚越夔隆	那簡饒空	查後荊紅	上官歐陽	尉遲公羊

澹台公冶	宗政濮陽	淳于單于	太叔申屠
公孫仲孫	軒轅令狐	鍾離宇文	長孫慕容
鮮于閭丘	司徒司空	亓官司寇	仉督子車
顓孫端木	巫馬公西	漆雕樂正	壤駟公良
拓拔夾谷	宰父谷梁	晉楚閆法	汝鄢塗欽
段干百里	東郭南門	呼延歸海	羊舌微生
岳帥緱亢	況後有琴	梁丘左丘	東門西門
商牟佘佴	伯賞南宮	墨哈譙笪	年愛陽佟
第五言福	百家姓終		

臺灣前十大姓氏表

中華姓式源遠流長，根據統計，全國共有一千八百三十二個姓氏，其中前十大姓氏占全國總人口數百分之五十二點七八。（來源：107 年內政部戶政司《全國姓名統計分析》）

姓氏	地望堂號（州郡號）	自立堂號（家族號）
1 陳姓	潁川、東海、廬江、汝南、河南、馮翊、下邳、武當、京兆、廣陵、新安	建業堂、德星堂、映山堂、忠節堂、延慶堂、餘慶堂、報本堂、星聚堂、三義堂、樹本堂、燕貽堂、澠武堂、篤慶堂、光裕堂、崇義堂、崇本堂、世德堂、仁恥堂、毓慶堂、德聚堂、世德堂、敦厚堂、奉先堂、聚原堂、傳義堂、三和堂、培德堂、三相堂、義門堂、道榮堂、聚星堂、淳庸堂、雙桂堂、徽五堂、紹德堂、懷忠堂
2 林姓	南安、西河、濟南、下邳、晉安	九牧堂、紹閩堂、問禮堂、九龍堂、忠孝堂、雙闕堂、青龍堂、永澤堂、崇本堂、善慶堂
3 黃姓	江夏、會稽、零陵、巴東、洛陽、晉安、濮陽、東陽、南安、上穀、房陵、櫟陽	誠明堂、古本堂、四元堂、一誠堂、惇倫堂、月會堂、望煙堂、聚斯堂、五桂堂、永思堂、彝倫堂、敘倫堂、德永堂、志堅堂、雲積堂、崇德堂、雙非堂、追遠堂、忠孝堂、種德堂、兩義堂、保粹堂、思敬堂、逸敦堂、敦睦堂、熾昌堂、紫雲堂

4 張姓	5 李姓
清河、范陽、太原、京兆、南陽、敦煌、安定、襄陽、洛陽、河東、始興、馮翊、吳郡、平原、河間、中山、魏郡、蜀郡、武威、犍為、沛郡、梁郡、汲郡、河內、高平、上穀、馬邑、	隴西、趙郡、范陽、頓丘、渤海、丹陽、安邑、平涼、姑臧、敦煌、絳郡、武陵、中冊、潁川、常山、平棘、遼東、江夏、廣陵、漢中、柳城、略陽、雞田、武威、高麗、三田、代北、河南、京兆、南陽、梁國、廣漢、四明、霍山、襄城、白茳、中山
嘉言堂、崇本堂、餘慶堂、世美堂、開業堂、敬思堂、祿宜堂、貽穀堂、資敬堂、敦善堂、貽德堂、承德堂、百忍堂、壽康堂、著易堂、萃雅堂、留餘堂、樹德堂、追遠堂、承恩堂、永思堂、篤親堂、敦睦堂、金鑒堂、都會堂、二銘堂、三省堂、孝友堂、敘彝堂、忠恕堂、鑒湖堂、源流堂、志合堂、冠英堂、清河堂、親睦堂、燕貽堂、宗嶽堂、敬祖堂	綿遠堂、平棘堂、衍慶堂、篤誼堂、立本堂、雍穆堂、培元堂、善慶堂、世美堂、介祉堂、追遠堂、師儉堂、敦複堂、崇禮堂、如在堂、敦本堂、青蓮堂、敘倫堂、四平堂、百德堂、敦睦堂、三鑒堂、西平堂、龍門堂、五經堂、思孝堂

6 王姓	太原、琅玡、北海、東海、高平、京兆、天水、東平、新蔡、新野、山陽、中山、陳留、章武、東萊、河東、金城、廣漢、長沙、堂邑、河南、河間、烏丸、馮翊、安東、營州、華陰、廣陵、聊城、鄚郡、廣平、樂陵、河內、汲郡、濟陽	雙桂堂、留餘堂、承德堂、五果堂、寶善堂、積德堂、存厚堂、敦睦堂、餘慶堂、三槐堂、宗德堂、燕翼堂、太原堂、天全堂、源遠堂、槐政堂、紹興堂、思明堂、懷德堂、五孝堂、紹槐堂、梓誼堂、聽槐堂、槐蔭堂、忠懿堂
7 吳姓	延陵、濮陽、渤海、陳留、吳興、汝南、長沙、武昌	源遠堂、至德堂、思敬堂、怡德堂、有秩堂、三讓堂、崇禮堂、讓德堂、思讓堂、均安堂、履成堂、敦厚堂、德讓堂、源德堂、樹德堂、世德堂、觀樂堂、雙合堂、思源堂、崇本堂、瑞本堂、聽彝堂、種德堂、治平堂
8 劉姓	彭城、沛郡、弘農、河間、中山、梁郡、頓丘、南陽、東平、高密、竟陵、河南、	青雲堂、敦睦堂、藜照堂、再思堂、樹德堂、守三堂、傳經堂、五忠堂、懷賢堂、施義堂、敘倫堂、譜壽堂、恒德堂、藜閣堂、彭城堂、崇讓堂、

8	劉姓	尉氏、廣平、丹陽、廣陵、長沙、臨淮	光藜堂、敦倫堂、天錄堂、親親堂、授經堂、敦本堂、怡怡堂、慶元堂、道勝堂、墨莊堂、德馨堂、青藜堂
9	蔡姓	濟陽	福謙堂、九賢堂、惟寅堂、承啟堂、親賢堂
10	楊姓	弘農、天水、河內、代州	光裕堂、賜書堂、崇本堂、清白堂、務本堂、四知堂、三鱔堂、瑞本堂、紹先堂、敦睦堂、遺道堂、信海堂、克勤堂、敘倫堂、銜鱔堂、關西堂、河東堂、棲霞堂、鴻山堂、鴻儀堂、安陽堂、新揚堂、道南堂、忠武堂

中華大姓堂號表

（根據中國戶政管理研究中心《二〇一九年全國姓名報告》按戶籍人口數量排名二〇一九年前五十個大姓排列）

姓氏	地望堂號（州郡號）	自立堂號（家族號）
1 王姓	太原、琅玡、北海、東海、高平、京兆、天水、東平、新蔡、新野、山陽、中山、陳留、章武、東萊、河東、金城、廣漢、長沙、堂邑、河南、河間、烏丸、馮翊、安東、營州、華陰、廣陵、聊城、鄴郡、廣平、樂陵、河內、汲郡、濟陽	雙桂堂、留餘堂、承德堂、五果堂、寶善堂、積德堂、存厚堂、敦睦堂、餘慶堂、三槐堂、宗德堂、燕翼堂、太原堂、天全堂、源遠堂、槐政堂、紹興堂、思明堂、懷德堂、五孝堂、紹槐堂、梓誼堂、聽槐堂、槐蔭堂、忠懿堂
2 李姓	隴西、趙郡、范陽、頓丘、渤海、丹陽、安邑、平涼、姑臧、敦煌、絳郡、武陵、中冊、潁川、常山、平棘、遼東、江夏、廣陵、漢中、柳城、略陽、雞田、武威、高麗、三田、代北、	綿遠堂、平棘堂、衍慶堂、篤誼堂、立本堂、雍穆堂、培元堂、善慶堂、世美堂、介祉堂、追遠堂、師儉堂、敦複堂、崇禮堂、如在堂、敦本堂、青蓮堂、敘倫堂、四平堂、百德堂、敦睦堂、三鑒堂、西平堂、龍門堂、五經堂、思孝堂

2 李姓	3 張姓	4 劉姓
河南、京兆、南陽、梁國、廣漢、四明、霍山、襄城、白茳、中山	清河、范陽、太原、京兆、南陽、敦煌、安定、襄陽、洛陽、河東、始興、馮翊、吳郡、平原、河間、中山、魏郡、蜀郡、武威、犍為、沛郡、梁郡、汲郡、河內、高平、上穀、馬邑	彭城、沛郡、弘農、河間、中山、梁郡、頓丘、南陽、東平、高密、竟陵、河南、尉氏、廣平、丹陽、廣陵、長沙、臨淮
	嘉言堂、崇本堂、餘慶堂、世美堂、開業堂、敬思堂、祿宜堂、貽穀堂、資敬堂、敦善堂、貽德堂、承德堂、百忍堂、壽康堂、著易堂、萃雅堂、留餘堂、樹德堂、追遠堂、承恩堂、永思堂、篤親堂、敦睦堂、金鑒堂、都會堂、二銘堂、三省堂、孝友堂、敘彝堂、忠恕堂、鑒湖堂、源流堂、志合堂、冠英堂、清河堂、親睦堂、燕貽堂、宗嶽堂、敬祖堂	青雲堂、敦睦堂、藜照堂、再思堂、樹德堂、守三堂、傳經堂、五忠堂、懷賢堂、施義堂、敘倫堂、譜壽堂、恒德堂、藜閣堂、彭城堂、崇讓堂、光藜堂、敦倫堂、天錄堂、親親堂、授經堂、敦本堂、怡怡堂、慶元堂、道勝堂、墨莊堂、德馨堂、青藜堂

5 陳姓	6 楊姓	7 黃姓
潁川、東海、盧江、汝南、河南、馮翊、下邳、武當、京兆、廣陵、新安	弘農、天水、河內、代州	江夏、會稽、零陵、巴東、洛陽、晉安、濮陽、東陽、南安、上穀、房陵、櫟陽
建業堂、德星堂、映山堂、忠節堂、延慶堂、餘慶堂、報本堂、星聚堂、三義堂、樹本堂、燕貽堂、滙武堂、篤慶堂、光裕堂、崇義堂、崇本堂、世德堂、仁恥堂、毓慶堂、德聚堂、世德堂、敦厚堂、奉先堂、聚原堂、傳義堂、三和堂、培德堂、三相堂、義門堂、道榮堂、聚星堂、淳庸堂、雙桂堂、徽五堂、紹德堂、懷忠堂	光裕堂、賜書堂、崇本堂、清白堂、務本堂、四知堂、三鱔堂、瑞本堂、紹先堂、敦睦堂、遺道堂、信海堂、克勤堂、敘倫堂、銜鱔堂、關西堂、河東堂、棲霞堂、鴻山堂、鴻儀堂、安陽堂、新揚堂、道南堂、忠武堂	誠明堂、古本堂、四元堂、一誠堂、惇倫堂、月會堂、望煙堂、聚斯堂、五桂堂、永思堂、彝倫堂、敘倫堂、德永堂、志堅堂、雲積堂、崇德堂、雙非堂、追遠堂、忠孝堂、種德堂、兩義堂、保粹堂、思敬堂、逸敦堂、敦睦堂、熾昌堂、紫雲堂

8	趙姓	天水、涿郡、南陽、下邳、潁川、金城	孝思堂、綿遠堂、轂詒堂、沐思堂、萃渙堂、愛日堂、永厚堂、琴鶴堂、敬彝堂、創基堂、半部堂
9	吳姓	延陵、濮陽、渤海、陳留、吳興、汝南、長沙、武昌	源遠堂、至德堂、思敬堂、怡德堂、有秩堂、三讓堂、崇禮堂、讓德堂、思讓堂、均安堂、履成堂、敦厚堂、德讓堂、源德堂、樹德堂、世德堂、觀樂堂、雙合堂、思源堂、崇本堂、瑞本堂、聽彝堂、種德堂、治平堂
10	周姓	汝南、沛郡、陳留、潯陽、臨川、廬江、泰山、淮南、永安、河間、臨汝、華陰、河東、清河、江陵、長安、河南	世德堂、愛蓮堂、亦政堂、誦芬堂、清白堂、繼述堂、紹濂堂、世善堂、大本堂、承志堂、景濂堂、雍睦堂、惇敘堂、忠存堂、敬愛堂、集賢堂、永思堂、承思堂、濂溪堂、敦穆堂、孝思堂、敘倫堂、篤佑堂
11	徐姓	東海、高平、東莞、琅玡、濮陽	敦睦堂、世德堂、存桂堂、垂裕堂、追遠堂、崇雅堂、禮耕堂、惇五堂、懷德堂、雍肅堂、南陵堂、崇本堂、修吉堂、八龍堂、文敬堂、鶴衍堂、永思堂、鴻績堂、敘倫堂

12	孫姓	汲郡、陳留、太原、樂安、富春、吳郡	惇敘堂、積善堂、鶴衍堂、嘉會堂、樂安堂、映雪堂、燕翼堂、萬石堂、垂裕堂、安慶堂、富春堂、永思堂
13	馬姓	扶風、東平、茌平	唏肱堂、志誠堂、寶善堂、善述堂、銅柱堂、絳紗堂、刻鵠堂、誠忍堂、靜業堂、敦倫堂
14	朱姓	吳郡、沛郡、河南、鳳陽、丹陽、太康、錢塘	注經堂、敬義堂、彝倫堂、敘倫堂、在茲堂、紫陽堂、德彝堂、白鹿堂、宗德堂、一本堂、同本堂、思成堂、治善堂、玉泉堂
15	胡姓	安定、新蔡、淮陽、吉州	樂善堂、思貽堂、安定堂、敦本堂、敦睦堂、清潤堂、春秋堂、念祖堂、繼序堂、思誠堂、聯桂堂、壽安堂、惇庸堂、崇德堂、勳賢堂、仁德堂、惇敘堂、華桂堂、祟陽堂、華林堂、春秋堂、啟俊堂、親睦堂、世德堂、敬享堂、怡愛堂
16	郭姓	太原、華陰、馮翊、西平、河內、廣平、敦煌、中山、昌樂、潁川	汾陽堂、詒政堂、續古堂、七鳳堂、世德堂、敬愛堂、由義堂

17	何姓	廬江、東海、陳郡、扶風	求言堂、扶遠堂、惕策堂、福慶堂、慶遠堂、仁義堂、永慶堂、崇本堂、纘續堂、敦睦堂、四友堂、詠梅堂
18	林姓	南安、西河、濟南、下邳、晉安	九牧堂、紹閭堂、問禮堂、九龍堂、忠孝堂、雙闕堂、青龍堂、永澤堂、崇本堂、善慶堂
19	高姓	渤海、漁陽、遼東、廣陵、河南	敦睦堂、綠野堂、報本堂、有繼堂、供侯堂
20	羅姓	豫章、長沙、襄陽、太原	嘉德堂、貽穀堂、柏林堂、明德堂、錦厚堂、崇文堂、永祭堂、歸厚堂、光裕堂、青雲堂、懷遠堂
21	鄭姓	滎陽、洛陽、高密、雍州、隴西、南陽、會稽	孝義堂、孔安堂、書帶草堂、複訓堂、立本堂、錫類堂、翼經草堂
22	梁姓	安定、扶風、天水、河南	集賢堂、梅鏡堂、儀國堂、保善堂
23	謝姓	陳留、陳郡、下邳、會稽、馮翊	哲經堂、寶權堂、存著堂、敬業堂、閣老堂、起鳳堂、東山堂、寶樹堂

編號	姓氏	郡望	堂號
24	宋姓	京兆、西河、廣平、敦煌、河南、弘農、扶風、樂陵、江夏	賦梅堂、善繼堂、秉德堂、陽春堂
25	唐姓	晉昌、北海、魯國、晉陽	晉昌堂、思本堂、忠恕堂、敦睦堂
26	許姓	汝南、高陽、河南、太原、會稽、平輿	敘倫堂、敦本堂、麟振堂、惜陰堂、希範堂、懷義堂、紹魯堂、承文堂、聚族堂、長興堂
27	鄧姓	南陽、安定、高密、平陽、長沙、陳留、洛陽、宜春、南雄	十賢堂、講學堂、集文堂、兩秀堂、三登堂
28	韓姓	潁川、南陽	福蔭堂、恭壽堂、繼錦堂、晝錦堂、永思堂
29	馮姓	始平、杜陵、潁川、上莞、長樂、京兆、弘農、河間	大樹堂、四德堂、樹德堂、瑞錦堂、天寶堂、三元堂、繼立堂、四山堂
30	曹姓	譙郡、彭城、高平、巨野	敬思堂、崇孝堂、甯壽堂、四正堂
31	彭姓	隴西、淮陽、宜春	述古堂、尚賢堂、敦本堂、光裕堂

32	曾姓	魯郡、天水、魯陽、廬陵、武城	敦本堂、宗聖堂、守約堂、追遠堂、三省堂
33	肖姓	蘭陵、廣陵、河南	羑美堂、芳遠堂、八葉堂
34	田姓	北平、雁門、京北、平涼、太原、河南、天水	鳳翔堂、紫荊堂、驕貧堂、荊茂堂
35	董姓	隴西、濟陽	蒼梧草堂、正誼堂、三餘堂
36	潘姓	廣宗、河南、滎陽、豫陽	承志堂、如在堂、花縣堂、篤慶堂、優肅堂、永言堂、司諫堂
37	袁姓	陳留、汝南、河南、東平、彭城、華陰、濮陽、京北、太原、襄陽、宜春	懷楚堂、維則堂、介禳堂、介江堂、介祉堂
38	蔡姓	濟陽	福謙堂、九賢堂、惟寅堂、承啟堂、親賢堂
39	蔣姓	樂安	居易堂、亦政堂、慎樞堂、追遠堂、敦睦堂、三徑堂、忠雅堂、雍集堂、悼敘堂、觀德堂、沛豐堂、一梅堂、以文堂、九侯堂、鐘山堂

40	余姓	新安、下邳、吳興、高陽、武溪	敬義堂、敦睦堂、親睦堂、四諫堂、風采堂
41	于姓	河南、東海、河內	祀先堂、駟馬堂、敦倫堂、忠肅堂
42	杜姓	京兆、襄陽、濮陽、漢陽、南陽	永言堂、振德堂、少陵堂
43	葉姓	南陽、下邳	敦睦堂、點易堂、續古堂、繼美堂、百忍堂、天敘堂、承恩堂、惇裕堂、天秩堂、青枝堂、濟美堂、崇本堂、雙留堂
44	程姓	廣平、河南、安定	尙義堂、存子堂、敦睦堂、伊洛堂、文賢堂、二賢堂
45	魏姓	巨鹿、任城	敬愛堂、治禮堂、九合堂
46	蘇姓	武功、扶風、蘭田、河內、河南、洛陽	忠孝堂、白玉堂、蘆山堂
47	呂姓	河東、東平、淮南、金華、晉江、東萊	明煙堂、敬和堂、三相堂、著存堂
48	丁姓	濟陽	雙桂堂、留餘堂、承德堂、五果堂
49	任姓	樂安、東安	玉知堂、敘倫堂、貽穀堂、水韮堂
50	盧姓	范陽、河南、河間	敦本堂、敬承堂

中華姓氏的起源與宗族家門的傳承

作　　者　李　吉

發 行 人　林敬彬
主　　編　楊安瑜
編　　輯　李睿薇
封面設計　蔡致傑
內頁編排　方皓承
編輯協力　陳于雯、高家宏

出　　版　大旗出版社
發　　行　大都會文化事業有限公司
11051 台北市信義區基隆路一段 432 號 4 樓之 9
讀者服務專線：（02）27235216
讀者服務傳真：（02）27235220
電子郵件信箱：metro@ms21.hinet.net
網　　　址：www.metrobook.com.tw

郵政劃撥　14050529 大都會文化事業有限公司
出版日期　2022 年 03 月初版一刷
定　　價　420 元
I S B N　978-626-95163-3-9
書　　號　B220301

Metropolitan Culture Enterprise Co., Ltd.
4F-9, Double Hero Bldg., 432, Keelung Rd., Sec. 1,Taipei 11051, Taiwan
Tel:+886-2-2723-5216　Fax:+886-2-2723-5220
E-mail:metro@ms21.hinet.net
Web-site:www.metrobook.com.tw

國家圖書館出版品預行編目（CIP）資料

中華姓氏的起源與宗族家門的傳承 / 李吉 著 . -- 初版 --
臺北市 : 大旗出版 : 大都會文化發行
2022.03
256 面 ; 17×23 公分 .
ISBN 978-626-95163-3-9(平裝)

1. 姓名錄 2. 文化

782.48　　110018233